中国学阅读

亲家

情训

李乡状◎主编　佟强◎编著

该书以介绍传统文化教育为基础，传承百家文化知识，让人们真正了解社会文明进步当中的诸子百家言论，使读者能够在阅读中增加国学知识，提高自身的文学素养。

吉林出版集团有限责任公司

图书在版编目（CIP）数据

中华国学阅读.亲情家训/李乡状主编；张杨编著
.--长春：吉林出版集团有限责任公司，2014.4
ISBN 978-7-5534-4243-3

Ⅰ.①中… Ⅱ.①李… ②张… Ⅲ.①国学–青少年
读物②家庭道德–中国–古代–青少年读物 Ⅳ.
①Z126-49②B823.1-49

中国版本图书馆 CIP 数据核字(2014)第 060452 号

中华国学阅读
亲情家训

出 版 人：吴文阁
责任编辑：陈佩雄　王枫　张晓鹭
封面设计：大华文苑
出　　版：吉林出版集团有限责任公司
发　　行：吉林北方卡通漫画有限责任公司
　　　　　吉林音像出版社有限责任公司
地　　址：吉林省长春市绿园区泰来街 1825 号(邮编130062)
印　　刷：三河市杨庄镇明华印刷厂
开　　本：16
字　　数：100 千字
印　　张：10
印　　数：1-5000 册
版　　次：2014 年 4 月第 1 版
印　　次：2014 年 4 月第 1 次印刷
书　　号：ISBN 978-7-5534-4243-3
定　　价：24.80 元

如有印刷质量问题，请与印刷厂联系调换。电话：(0431)86012919

前　言

　　"家"是社会组成的最小单位,也是最重要的一个单位,"家和万事兴"推动着家庭和睦、社会安定、国家太平的进程。中国人从古至今都极为重视家族文化的传播和发展。在这个过程中,留下了大量的以记述家族文化或告诫子孙的家书、家训。

　　我们知道了"家"文化与中华文化之间的关系,那么了解中华文化必然要从"家"文化开始。这些从远古而来的,饱经沧桑的古人亲情家训能够流传至今,必然有它的理由。首先从文学的角度看,这些经典的家书、家信都是文采飘逸,精巧异常的典范;从人生哲学的角度看,这些经典的家书、家训阐释了亘古不变的人生哲理。无论是作为文学经典还是作为人生哲学名著,这些家书、家训都备受后人青睐,于是便传承下来,成为社会发展的终极力量。

　　在悠悠的远古,中华儿女是如何做到父慈子孝、光耀门楣的呢? 是什么力量使家族的文化延续千百年而生生不息呢? 家族文化传承发展至今,仍光芒四射的秘密何在? 这一切都要归属于家书、家训。

　　本书对这些家训、家书进行精心的编排和梳理,力求解析那些奥古难懂的古文,从中提取出具有现代意义的哲理,以供青年学生借鉴学习。看古书,了解古老的中华文化;读古文,了解古圣贤人是如何循循善诱地教导儿女子孙的,并且从中领悟人生哲理、处世之法、修身之道。

目录

亲情家训

中华国学阅读

目录

亲情家训

中华国学阅读

第一章

阅读《颜氏家训》

第一节 《颜氏家训》的作者及成书背景

一、写作背景

《颜氏家训》是南北朝时北齐著名的学者颜之推的代表作。他根据自己的人生经历、处世哲学、经验教训编撰了《颜氏家训》一书,书写这本家训主旨在于告诫颜氏家族的子孙后人如何修身处世。

在中国家训史上,《颜氏家训》是第一部用来警醒家族后人的家训书籍。《颜氏家训》还是一部十分重要的学术著作。家语、家训自古有之,或者是一篇文章,或者是几句话,像颜之推一样如此用心整理并结合个人经验出书成册的绝无仅有。可见《颜氏家训》是我国封建时代家教的集大成之作,从此之后,人们把它奉为经典,称之为"家教规范"。

二、作者介绍

颜之推是著名的文学家和教育家,生于公元 531 年,卒年大约是公元 590 年前后。这段时间正处于我国历史上的魏晋南北朝时期。颜之推祖籍山东琅琊临沂,也就是今天的山东临沂市。不过,据考证,他的家族居住时间最长的地方是建康,即六朝古都南京。

南北朝时期士族门第十分讲究,颜之推便生于士族之家。尽管当时大部分士族子弟生活腐朽没落,但是依然不乏像颜之推一样的贤能子弟。士族社会地位在当时非常高,文化资源也非一般人可及。因此,很多书籍他们信手可得。很小的时候颜之推就阅读了家传的《周官》、《左氏春秋》。12 岁始学老庄之说,后深入理解,悟得老庄之学"虚谈"居多而罢止。进一步学习《礼》、《传》使其受益终生。

魏晋南北朝时期名士之风包含的坏习气有"好饮酒,多任纵,不修边幅。"就是青年时期的经历和沾染的这些习气让他产生书写《颜氏家训》的念头。这个在《颜氏家训》的开篇,他就有论及。

由于颜之推能够对自己乖张的生活有所认识,并加以控制所以他成长很快。自幼博览全书,使他在文学辞藻上颇有功力,深得梁湘东王的赏识。这样使得他的仕途很顺利,19 岁的颜之推便做到了国左常侍的官职。由于当时社会动荡不安,后来投奔了北齐,在北齐任官 20 年,一直做到黄门侍郎之职。

北周灭掉北齐之后,北周征颜之推入朝为官,任职御史上士。隋朝灭掉北周后,颜之推被隋文帝召为学士,此次任职不久便患病不起,不久过世。

第二节 《颜氏家训》重点章节品读

一、序致第一

　　每一本书都会有前言，前言对于书而言是不可或缺的部分。或者书写了作者写作的感悟，或者介绍全书的基本内容，或者叙述成书的背景及书写的意义。

　　颜之推书写这一章节实际上好比同学们看书时见到的序言或前言。它主要是叙述了作者书写这本书的目的和意义。在这部分内容里，颜之推交代了《颜氏家训》是他根据自己的亲身经历、生活经验、人生感悟编撰而成。序致第一，重点在于指出书写《颜氏家训》的意义和价值。我们读这段文字感喟到古人对子孙的教育情怀和思想。在古代，我们的祖先是多么重视对子孙万代的教育。颜之推在这部分内容中还强调了进行早期家庭教育的重要性。

亲情家训

在我们阅读这本书之前,可以想象一下,一位学富五车、德高望重的长者,在昏暗的烛光下奋笔疾书,只为总结一生的经验教训并把这些体验和感悟传递给子孙后人。这是怎样的一种情怀啊!将有多少对后人的教诲和爱融入在书的里面!

同学们跟着我们的思路,去探究一下古人是如何教育子孙的吧。或许,你可以在我们共同的阅读中有所感悟,受到颜之推的教育和启发,重新领悟人生。

(一)颜氏家训　成书之由

【经典原貌】

夫圣贤之书,教人诚孝,慎言检迹,立身扬名,亦已备矣。魏、晋已来,所著诸子,理重事复,递相模学,犹屋下架屋、床上施床耳。吾今所以复为此者,非敢轨物范世也,业已整齐门内,提撕子孙。夫同言而信,信其所亲;同命而行,行其所服。禁童子之暴谑,则师友之诫,不如傅婢之指挥,止凡人之斗阋,则尧舜之道,不如寡妻之诲谕。吾望此书为汝曹之所信,犹贤于傅婢寡妻耳。

【注析品读】

古代圣贤之人所著的书籍,教育人们应该讲究诚信,懂得孝道,说话要有礼有节注意分寸,行为举止应当庄严肃穆,做品行端正道德高尚的人,同时要使自己立足于社会而美名远扬。这些品质和道理在古人的著作中已经记述得非常完整了。自从魏、晋开始,那些关于古代圣贤思想的论述书籍,内容和道理重复累赘,相互模仿、相互抄袭。用个比喻来说,就好像在屋子里面再建造房屋,在床榻上面在安置床榻一样。我今天所以明知道这个道理还要写此书,目的不是想将它作为规范来警醒世人的行为,只是想要通过这本书来整顿自己家的门风,约束教育后辈子孙而已。对于同样的话,不同的人去说,有的就能使人信服,有的就不能使人信服;人们都愿意信服亲近的人说的话。对于同样的一个命令,有的人说出就会使人服从,有的人说出来就不能使人服从;人们都愿意接受他所佩服的人的命令。教育小孩子,使其改掉坏的毛病,老师朋友的劝诫没有保姆的命令管用;想要化解兄弟间的纠葛,尧、舜的思想比不上母亲的诱导和规劝。我希望我写的这本书能够被你们所接受,期待它能够起到更好的作用,比保姆、妻子教育子孙效果更佳。

　　这段中,颜之推提出了一个重要的思想:古圣贤人的思想的确是光辉万丈的,能够指引人们走向康庄大道。不过颜之推认为,对于孩童的教育,古圣贤人离得太远,思想再光辉伟大,也不及身边的人讲道理给孩童听效果好。这种言传身教的思想,非常符合现代家庭教育的理念。颜之推的思想很有先见性,他一针见血地指出了生搬硬套的大道理对于孩童的教育意义不大,言传身教才更容易使孩童接受。为什么"尧舜之道,不如寡妻之诲谕",这里面强调的就是家庭教育的重要意义。

亲情家训

【知识链接】

曾子杀猪

曾子之妻之市，其子随之而泣。其母曰："女还，顾反，为女杀彘。"

妻适市反，曾子欲捕彘杀之，妻止之曰："特与婴儿戏耳。"

曾子曰："婴儿非与戏耳。婴儿非有知也，待父母而学者也，听父母之教。今子欺之，是教子欺也。母欺子，子而不信其母，非所以成教也。"遂烹彘也。

——节选自《韩非子·外储说上》

曾子的妻子去集市，她的儿子跟在她身后，哭哭闹闹地要跟着去。孩子的母亲对他说："你回到家里去等我，我回来以后杀猪炖肉给你吃。"

妻子刚从集市回到家中，曾子就要将猪杀死。曾子的妻子立即制止他说："我只不过是和儿子开了一个玩笑而已。"

曾子说："我们不可以和小孩子开这种玩笑，小孩子缺乏思考和判断能力，他们在成长过程中能学到什么完全依赖于父母的给予，他们听从父母的教导。今天你欺骗了他，就是在教授他欺骗别人。母亲欺骗了她的孩子，她的孩子就不会再信任他的

母亲了,这种做法不是教育孩子成为正人君子的正确方法。"于是曾子就杀掉了猪,开始烹饪猪肉了。

从这个故事中我们了解到,家庭教育最重要的就是言传身教,一个人成长过程中的认知规律是从模仿开始的。孔子说:"三人行,必有我师焉,择其善者而从之,其不善者而改之。"对于已经有了一定辨识能力的我们,懂得去模仿什么是个非常重要的问题。古人说:"人非圣贤,孰能无过。"父母也是寻常人,他们也会犯错误,在他们身上也会存在这样那样的缺点,我们要懂得哪些是"善者",哪些是"不善者",我们更应该尽量做到"善者""从之","不善者""改之"。

(二)颜家风教 素为整密

【经典原貌】

吾家风教,素为整密,昔在龆齓,便蒙诱诲。每从两兄,晓夕温清,规行矩步,安辞定色,锵锵翼翼,若朝严君焉。赐以优言,问所好尚,励短引长,莫不恳笃。年始九岁,便丁荼蓼,家涂离散,百口索然。慈兄鞠养,苦辛备至,有仁无威,导示不切。虽读《礼传》,微爱属文,颇为凡人之所陶染。肆欲轻言,不修边幅。年十八九,少知砥砺,习若自然,卒难洗荡。二十已后,大过稀焉。每常心共口敌,性与情竞,夜觉晓非,今悔昨失,自怜无教,以至於斯。追思平昔之指,铭肌镂骨;非徒古书之诫,经目过耳也。故留此二十篇,以为汝曹后车耳。

中华国学阅读

【注析品读】

　　我们颜家的家风和教育向来都是非常严肃紧密的，在我非常小的时候，就开始接受启蒙教育和训导诲戒了。和我的两个哥哥一起，早晚服侍父母，冬天温床，夏天扇床。行为举止循规蹈矩，言辞不温不火，脸色神情泰然自若，始终保持着像早上和父母问安时的状态。

　　那个时候我的长辈经常态度诚恳地鼓励我，勉励我不断克服自身的缺点，并及时改正我所犯的错误，发展我的优点和长处。从我九岁那年起，家道中落，父亲去世了，家中的人口也日趋减少。慈爱的兄长历尽了千辛万苦将我抚养成人。兄长对于我过于慈爱缺乏严厉的批评。

　　虽然我读了《礼传》一书，也喜爱做一些文章，但由于与一些凡夫俗子接触久了，受到他们的熏染，使我变得放纵不羁，言语轻率，且衣着穿戴不讲究礼节。

　　一直到我长到十八九岁的时候，我才渐渐开始明白应当磨炼自己，可是积习难改，最终还是没有能够完全将身上的不良习惯改掉。在我二十岁以后，才渐渐地做到很少犯大的错误。不过，时常还会出现信口开河的现象，然而一出现这样的现象时，于是便进行心理调整控制自己的表述。经常会出现理智和情感相互抵触，晚上思考白天做的事情时经常会发现错误，常常今天悔恨昨天的过错，每当这时我就会叹息，如此这般是因为幼年时缺乏教育的结果。

　　想想曾经的生平志趣，如今感触依旧很深，这些感触或经验绝不会像古书里书写的告诫那样读读看看就能体会到。所以我把这些感触记述下来,编成二十篇视之为家训,以供你们用来作为前车之鉴。

在这一段话中,我们和作者颜之推一同经历了他一生中几个重要的教育阶段。而这本《颜氏家训》便是基于这个过程的思考、体验和心得而来。从文中的数字我们就可以很轻易地将他所接受的教育分成九岁前、九岁后到十八九岁、二十岁以后三个重要阶段。

根据颜之推的体验,九岁时家庭的变故是一个重要的分水岭。在九岁前,我们可以看到颜之推受教育的秩序是非常好的,各方面都得到很好的影响和教育。孝敬父母方面,"每从两兄,晓夕温清";言行举止方面,"规行矩步,安辞定色,锵锵翼翼,若朝严君焉";励志成长受到长辈的引导和鼓励,"赐以优言,问所好尚,励短引长,莫不恳笃"。可以说是标准的古代家庭教育模式,这使颜之推很多方面终身受益,为他成为大学问家、大思想家奠定了很好的基础。

可是这么好的教育只给了颜之推九年。九岁之后,他父亲去世,家道中落。生活环境与以往截然不同了,教育也出现了问题。父亲不在了之后,颜之推就在哥哥的抚养下长大,这个过程中,或许哥哥多了些恻隐之心,认为颜之推没有父亲的疼爱,就过分地慈爱他,不让他受到一丝一毫的委屈。

问题出现了,在失去了更好的教育,颜之推结交了很多市井少年,整天与他们混在一起。渐渐地沾染了很多坏的习气。我们读到这里一定能够联系一下颜之推提出的慕贤思想。

为什么他特别强调慕贤呢？原因可以从他结识市井少年沾染了不良习气说起。这里不多说,后文将有系统地说明。到了十八、九岁的时候,颜之推意识到了这个问题,但修正身心品行是件很难的事情。到了二十岁以后,他的自我控制、自我修复的能力增强,不再犯大的错误。十八、九岁开始修正自己九岁至十八九岁之间养成的不良习惯,事实上这里隐含着一个受教育过程。

颜之推出生士族,又是诗书门第,他在这段时间里接触、学习了很多古圣贤人的思想、文化。这在他自我进步方面起到了极为重要的作用,否则他最终不会成为大学问家。

【知识链接】

这段文字告诉了我们颜之推写这本书的目的，他根据自己的人生回望,告诫子孙如何教育后人和接受教育。在他的"人生回望"中,我们读到了这样的句子。"每从两兄,晓夕温清,规行矩步,安辞定色,锵锵翼翼,若朝严君焉。"依据前文的注析品读,我们可以了解到关于他很小的时候,如何跟随哥哥们行孝道的。在"晓夕温清"这四个字中包含了一个典故。下面我们就来阅读一下这个典故。

"黄香孝母"的故事

汉。黄香。年九岁。失母。思慕惟切。乡人称其孝。香躬执勤苦。一意事父。夏天暑热。为扇凉其枕席。冬天寒冷。以身暖其被褥。

太守刘护表而异之。有诗为颂。

诗曰：冬月温衾暖，炎天扇枕凉。儿童知子职，千古一黄香。

——《二十四孝图》

东汉年间，有个叫黄香的人。在黄香九岁的时候，他的母亲去世了。他日夜思念自己的母亲，常常哭得十分伤心。当地的百姓看到黄香的行为都称赞他是个孝顺的孩子。黄香勤奋学习，用心苦读，孝顺父亲事必躬亲，生活中的细节都做得非常好。夏天到来的时候，天气异常炎热，酷暑难当，黄香的父亲因为天气过于闷热常常睡不着觉。黄香就拿起蒲扇事先将枕席扇得温凉适宜睡眠后，再请父亲上床入睡。到了冬天，由于家境清贫，黄香家十分寒冷，床榻冰冷而难以躺卧。黄香怕父亲因为寒冷而无法入睡，于是便事先将父亲的被窝捂热，然后再请父亲上床入睡。

太守刘护知道了黄香这个人的故事之后，觉得黄香的孝行并不是一般人能够做到的。关于黄香的孝行，世间流传一首诗是这样来称赞他的：

冬月温衾暖，炎天扇枕凉。

儿童知子职，千古一黄香。

这就是《二十四孝图》记载的黄香孝父的故事。关于黄香这个人，我们简要介绍一下。他是真实存在的历史人物，并不是文学家为了宣传孝行而杜撰的文学形象。

阅读《颜氏家训》

亲情家训

黄香,东汉江夏安陆人,家境清苦,但他学习非常刻苦,很小的时候就学习了很多典籍,能够背诵很多经典,因此他文采很好,受到天下人的美传。当时有句话形容黄香的文采和德行:"天下无双,江夏黄童。"

黄香在东汉安帝年间出任魏郡(魏郡,今天隶属于河北省)太守,在黄香当太守期间魏郡曾经发生洪涝灾害,黄香一方面报与朝廷,使灾民得到一定的救济,同时,他倾其所有,来救助灾民,使百姓极为感动。

黄香,留给后人的文学作品以《九宫赋》《天子冠颂》最负盛名。

二、教子第二

　　"教子第二"是《颜氏家训》的第二卷。在这卷中,颜之推深刻地阐述了孩子早期教育的问题。他认为孩子越早进行教育越好。这种认识是十分科学的,其实近代科学的发展,由于生理学、心理学、教育学等一些学科的发展,使人们对早期教育有了相当深刻的认识。对孩童的认知能力的认识也进入了一个新的阶段。很多人认为小孩子没有足够的认知能力,对其教育就是天方夜谭,没有丝毫的作用。其说辞是:"孩子那么小,懂什么,说他只能吓到他,他根本就什么都不知道。"这种言论的肤浅和无知让人瞠目结舌。本节将带同学们去了解颜之推是怎么认识这个问题的。

　　早在一千多年的颜之推通过对早期教育的研究和自身经验的总结,得出了结论,孩童应该越早教育越好,至认为胎教具有重大的意义,这些思想都是超越时代的思想。作为悠悠远古的一位伟大的学者,他的这些思想已经超越了当时的学术范畴,甚至对于今天很多家长而言还具有相当的教育意义。

　　颜之推在"教子第二"这一卷里还深刻地阐述了教育方式、方法问题。他认为正确的教育方法应该是慈爱和训诫相结合的。只有慈爱就不是教育,是溺爱,这样的教育方法事实上会使孩童与家长的意愿背道而驰,孩子长大后,有害于社会,甚至成为危害社会的坏人。

　　《颜氏家训》的这卷文字似乎是专门为家长而写的,不过,只要同学们能够辩证地看问题,能够转化阅读的视角,一样能够从中悟出很多非常深刻的道理来。

阅读《颜氏家训》

亲情家训

(一)少成天性　习惯自然

【经典原貌】

上智不教而成,下愚虽教无益,中庸之人,不教不知也。古者圣王,有"胎教"之法,怀子三月,出居别宫,目不斜视,耳不妄听,音声滋味,以礼节之。书之玉版,藏诸金匮。生子咳提,师保固明孝仁礼义,导习之矣。凡庶纵不能尔,当及婴稚识人颜色、知人喜怒,便加教诲,使为则为,使止则止,比及数岁,可省答罚。父母威严而有慈,则子女畏慎而生孝矣。

吾见世间无教而有爱,每不能然,饮食运为,恣其所欲,宜诫翻奖,应呵反笑,至有识知,谓法当尔。骄慢已习,方复制之,捶挞至死而无威,忿怒日隆而增怨,逮于成长,终为败德。孔子云:"少成若天性,习惯如自然。"是也。俗谚曰:"教妇初来,教儿婴孩。"诚哉斯语。

【注析品读】

智力极高的人,不用特殊地严加管教就能够成就大业;智力低下的人,尽管给予最好的教导也没有什么意义;普通人智力寻常,如果没有得到良好的教育就会使他不明事理。古代圣贤的君主就有关于胎教的方法,当妃嫔有了三个月身孕的时候,就给她们安排专门的房间居住。为了教育腹中的孩子,眼睛不看那些不该看的事物,不听那些有失礼节的言论。不管是听音乐也好,还是进餐也好,都要按照礼节形制去进行。他们把总结出来的这些胎教方法刻在玉片上,然后把玉片放在金盒子里收藏起来。

等到孩子出生以后,在他咿呀学语还不懂世事的时候,就为他指认老师,教育他孝敬长辈、宽厚爱人、知书达理,明辨是非,并不断地引导他实践这些道理。即使一般的百姓人家不能够像君王一样有条件这样做，当婴儿生长到能够辨识人脸色、知道成人的喜怒哀乐时，也应该尽早进行教育。教育他们遵从大人的命令，大人命令他去做事情，他便去做，大人勒令禁止他做的事情，他马上终止。等孩子长到十分调皮的年龄时，不再用杖罚来惩罚他时，他也能够很听话。在家庭生活教育中，父母应该保持威严但不失慈爱，这样就能够使子女畏惧父母，慎言谨行并逐渐懂得孝敬父母。

我曾经看到过有这样的父母，他们对孩子不进行教育引导，而是一味地只讲慈爱，其实这样做是不正确的。这样的父母，对孩子任意放纵，不加管制，孩子想吃什么给什么，想做什么就做什么，不分对错，由着孩子的性子来。应当严肃批评阻止的时候，却去夸奖鼓励；应当表情庄严地责骂的时候，却和颜悦色地说教。

这样下去，当孩子长大懂事之后，就认为这些道理本来就是这样。这样养大的孩子，渐渐就会形成一种骄傲怠慢的习惯，等这种习惯已经养成了之后再想去制止，就算使用棍棒狠狠地抽打他甚至打死也不能够使他觉得父母是有威信的。这个时候，父母表现出来的愤怒只会使子女的怨恨一天天加深。用这样不正确的方法教育出的孩子，长大以后，最终会成为品行不端、道德败坏的人。

孔子所谓"从小养成的习惯就好比是天性，习惯了的行为自然而然地就去做。"就是这个道理了。俗谚说："教媳妇要在她刚过门的时候，教儿女要在他们还是小孩子的时候。"这话真是太有道理了。

中华国学阅读

在分析我们选取的颜之推《教子第二》这一节中的道理之前,我们先要明白一个重要的读书原则。这个原则是被世人称之为亚圣的儒家代表人物孟子提出的即"尽信书,不如无书"。

古圣贤人的书,道理深刻,像古老的泉水滋养着大地上的生灵。不过,要知道古人的思想和哲理有时候是有一定局限性的,有很多用在今天或许不合时宜,所以在阅读古籍的时候要辩证地思考,古为今用需要选择性地吸取,而不是都当成至理名言完全照搬。还有一个问题是,有些青少年学生往往偏执,爱走极端,一旦有人说出某些人的缺点和不足,就认为这些人身上什么都是坏的。孔子有一句著名的话:"三人行必有我师焉,择其善者而从之,其不善者而改之。"这句话我们也可以用在读书上,读一本书,我们也一样要"择其善者而从之,其不善者而改之。"掌握了这些读书方法之后,我们就可以继续分析颜之推的论述了。首先,"上智不教而成,下愚虽教无益",这个观点是不正确的。其实没有任何人从小不需要受到良好的教育,接受教育与受教育的人的智力高低没有直接关系。这就是颜之推说的"上智不教而成"。我们用伤仲永的故事不难推翻这个观点,伤仲永就可以成为"上智"之人,但是他最终只成为

一个庸碌之辈。其原因就是他的父亲对他的教育出现了偏差。

我们不能够因为这一错误的观点，就否定颜之推的伟大。颜之推生活在南北朝时期，在那个时候他就提出了胎教之法，且认为这样的事情是切实而可行的。还有他对于孩童早期教育的认识也是非常有价值的，而且这些观点对今天的文化教育，尤其是家庭教育具有指导性的意义。对于胎教，我们无法议论颜之推在文章中的说法到底有什么作用，或者是否科学，不过可以肯定，科学地进行胎教或者胎教本身是有科学依据的，这一点毋庸置疑。"怀子三月，出居别宫，目不斜视，耳不妄听，音声滋味，以礼节之。"很明显的一个问题是，颜之推在强调"胎教"的过程中，核心的问题是环境，孕育在母体中的婴孩要注意周围的环境对他的影响。

颜之推在这段文字中提出了孩子要尽早教育的问题，"生子咳提，师保固明孝仁礼义，导习之矣"。他说孩子在刚刚能够懂得一些简单的道理时，就要请老师，教他仁义道德，教他明辨事理。这个观点是非常科学的。孩子从一张白纸到明晰事理是有一定过程的，在这个过程中，孩子没有足够的自我认知能力。所以这个时候对孩子适时教育是至关重要的。这个时候孩子判断正误的标准就是家长或者师长的言行举止。正确的引导，正确的行为、言语示范就会使孩子逐渐知礼明节，反之，就会使孩子养成很多坏习惯、滋生缺点。

紧接着，颜之推讨论了为什么要尽早教育孩童的问题，并且运用对比的手法，将采取尽早教育和不进行合理的早期教育进行对比分析。其结果是适时早教孩童"比及数岁，可省笞罚"；不合理早期教育的孩童"骄慢已

习,方复制之,捶挞至死而无威,愤怒日隆而增怨,逮于成长,终为败德"。最后用孔子的话和俗谚认可和总结了早期教育的意义。

【知识链接】

读了这段文章,我们了解到读书最大的忌讳就是"死读书、读死书"。其实,我们换个角度就能够理解这些问题了。首先,我们通过学习颜之推的这篇短文了解了胎教其实古已有之,作为常识记忆也是非常有意义的。其次,如果说尽早教育是针对家长而言,那么尽早学习就是针对学生而言。颜之推在短文中叙述得十分清晰,坏的行为和思想积累起来就会变成恶习,而恶习是自小积累起来的,"积习难改"这个成语揭示了颜之推的思想核心。年龄很小的时候,也正是养成习惯的时候。那么我们应该不断地发现身上的缺点、不足和已经养成的恶习,并加以改正。我们应该接触优秀的人,在他们的熏染下不断进步,完善自我,成为一个品行端正的人。

劝学

颜真卿

三更灯光五更鸡,正是男儿读书时。

黑发不知勤学早,白首方恨读书迟。

(二)责斥之教　防患未然

【经典原貌】

凡人不能教子女者,亦非欲陷其罪恶,但重于呵怒伤其颜色,不忍楚挞惨其肌肤耳。当以疾病为谕,安得不用汤药针艾救之哉?又宜思勤督训者,可愿苛虐於骨肉乎？诚不得已也！

【注析品读】

　　普通人没有把子女教育好，实际上并不是希望使子女陷入罪恶的境地，只是不忍心使子女因为受到责骂训斥而沮丧，不忍心使用荆条抽打子女，看不得他们被打得皮肤红肿的惨状。这种教育方法可以用治疗疾病来作比喻，假如一个人生了疾病，会有不用喝苦苦的汤药、受疼痛的针刺来治疗就能治好病的吗？应该反过来想一想，那些对子女严加训诫督导的父母，他们就真的愿意看到亲生骨肉受皮肉之苦吗？实际上他们是因为教育而不得不这样做罢了。

　　这段短小的议论，颜之推说出了一个非常值得思考的道理。要想教育好自己的子女，不得不使他们吃一点苦头。"良药苦口利于病，忠言逆耳利于行！"这句话不仅仅对于挚友相交有意义，就教育方式方法而言也有一定的道理。

　　现代家庭教育依然是溺爱孩子居多，对孩子缺乏必要的批评训诫。他们就真的愿意看到亲生骨肉受皮肉之苦吗？实际上他们是因为教育而不得不这样做罢了。当孩子犯了错误的时候，做了错事的时候，由于心疼孩子而不去责罚并不是疼爱孩子，这样会使孩子是非不明，道理不清的。

　　真正疼爱孩子就要对孩子进行应有的教育。颜之推在这段文字中旗帜鲜明地指出了家庭教育中一种错误的指导思想，而这种思想至今仍然存在于家庭教育之中。错把溺爱作为孩童教育的中心思想，孩子说错话、做错了事情舍不得训斥。甚至有的父母在孩子犯错的时候，觉得十分有趣。好比有

些家长在孩子咿呀学语的时候，简单的话还没有学会的时候，不知道从哪里学来了骂人的话。当孩子第一次说出骂人的话时，有些家长觉得非常有意思，觉得这个孩子简单的话还没有学会就会骂人了，对此饶有兴致觉得可乐。

事实上，这样的教育是非常错误的，小孩子一旦出现了错误就要及时纠正。孩童在还分不清是非的时候，家长应该懂得教育孩子明是非。如果家长只觉得小孩什么都不懂，他只是顺口胡说而已，长大了懂得了就不说了，抱着这样的思想纵容孩子，那么孩子就会养成很多坏习惯。一旦坏习惯养成了，再去教育，改正就十分难了。

正确的教育方式方法的实行要求同学们能够积极地配合父母师长的教育。同学们了解什么样的教育才是正确的教育之后，应该明白父母使用慈爱和训斥引导相结合的教育方式，对我们进行教育，事实上是为了我们好，为了能够使我们在人生的道路上走得正确，活得更加精彩。

不要以为父母责骂孩子的时候他们不心疼，事实上他们是非常心痛的，这种心痛或许年龄尚小的你们并不能够理解。一方面，父母会因为你受到责骂，"伤其颜色"而倍感心疼，另一方面也会因为你做的错事而感到失望、难过。

颜之推说:"思勤督训者,可愿苟虐於骨肉乎?诚不得已也!"那些常常督导训诫子女的父母,难道他们就看着受到鞭打,训斥的孩子,哭泣伤心的样子不心疼吗?只是因为不这样严加教育会让他们走上邪路。

【知识链接】

"郑伯克段于焉"的故事

初,郑武公娶于申,曰武姜,生庄公及共叔段。庄公寤生,惊姜氏,故名曰"寤生",遂恶之。爱共叔段,欲立之。亟请于武公,公弗许。及庄公即位,为之请制。公曰:"制,严邑也,虢叔死焉。佗邑唯命。"请京,使居之,谓之京城大叔。

祭仲曰:"都城过百雉,国之害也。先王之制,大都不过参国之一,中五之一,小九之一。今京不度,非制也。君将不堪。"公曰:"姜氏欲之,焉辟害?"对曰:"姜氏何厌之有?不如早为之所,无使滋蔓,蔓难图也:蔓草犹不可除,况君之宠弟乎?"公曰:"多行不义,必自毙。子姑待之。"

既而大叔命西鄙北鄙贰于己。公子吕曰:"国不堪贰,君将若之何?欲与大叔,臣请事之;若弗与,则请除之。无生民心。"公曰:"无庸,将自及。"

大叔又收贰以为己邑,至于廪延。子封曰:"可矣。厚将得众。"公曰:"不义不匿,厚将崩。"

大叔完聚,缮甲兵,具卒乘,将袭郑。夫人将启之。公闻其期,曰:"可矣。"命子封帅车二百乘以伐京。京叛大叔段。段入于鄢。公伐诸鄢。五月辛丑,大叔出奔共。

——节选自《左传·隐公元年》

　　这个故事写的是，郑国国王郑庄公和他的弟弟共叔段争夺王位的过程，其中几个重要的信息反映了他们的母亲"武姜"对小儿子的偏爱和溺爱。这是家庭教育的失败，也是颜之推强调的溺爱会使孩子成长为有害社会的人的有力证据。

　　庄公因为姜氏生他的时候寤生（难产）而特别讨厌他，偏爱共叔段，而且对共叔段可谓是溺爱。为什么说溺爱呢？原文中这样说："庄公寤生，惊姜氏，故名曰'寤生'，遂恶之。爱共叔段，欲立之。"非常喜欢共叔段，想要立他为郑武公的接班人。在中国古代世袭制是"父死子继"或者"兄终弟及"的，"父死子继"是有要求的，根据礼法的要求，"父死子继"继承人需要是嫡长子才行。

　　什么是嫡长子呢？古人君王可以娶很多个老婆，其中第一任夫人称之为妻，是正室，再娶就是妾，是偏室。正室生的孩子叫做嫡，偏室生的孩子叫做庶。正室生的第一个儿子就是嫡长子，在同辈人中身份最高。嫡长子以后的儿子身份地位仍然高于庶，这就是封建礼法的规定。

　　"父死子继"的这个"子"指的就是这个嫡长子，这是祖宗的规矩，是礼法。姜氏溺爱共叔段，想要将共叔段确立为郑武公的接班人，这在古代叫"废长立幼"。尽管共叔段也是嫡系，但是，他毕竟不是长子，按照封建礼法他没有权力和资格接任郑武公。但是，姜氏太溺爱共淑段了，就向武公提出立共叔段的想法。在当时，一个母亲能够因为疼爱孩子而不顾礼法，可见对其的溺爱程度了。

郑武公懂得礼法，没有答应这个不合礼法的要求。庄公即位之后，姜氏溺爱共叔段的表现又来了。她向庄公要"制"那块土地作为共叔段的封地。这块封地给共叔段也是不符合国情和礼法的，但是姜氏就硬要帮助共叔段，可以看出对其溺爱之甚。庄公以国家社稷为重，始终没有答应母亲姜氏的要求，后来姜氏又让庄公把"京"这块封地给共叔段，庄公无奈只好答应了。从字里行间我们可以看到，即使是将"京"封给共叔段，共叔段也是庄公以外地位最高的，而他地位的获得仰仗于姜氏的溺爱。

后来"京"的城墙、兵数等都违反了礼制，都是因为姜氏溺爱共叔段到了极致所致，她很想要他取代庄公。原文这样说："祭仲曰：'都城过百雉，国之害也。先王之制，大都不过参国之一，中五之一，小九之一。今京不度，非制也。君将不堪。'公曰：'姜氏欲之，焉辟害？'对曰：'姜氏何厌之有？不如早为之所，无使滋蔓，蔓难图也：蔓草犹不可除，况君之宠弟乎？'"郑庄公的谋臣祭仲和庄公说，现在"京"城已经超出礼制了，他太庞大了，不符合法度要求了。郑庄公的回答凸显了姜氏对共叔段的溺爱，他说他母亲姜氏想要这样，我又有什么办法呢？祭仲的话也佐证了姜氏的溺爱，他说姜氏没有知足的时候，应该尽早处理共叔段，共叔段就像蔓草不除将会祸国殃民。还说共叔段是"宠弟"，"宠"的人应该不是庄公，而是姜氏。

姜氏溺爱共叔段到了极点，然后就将他推上了"多行不义，必自毙！"的道路。最后共叔段被郑庄公打败，逃出郑国。溺爱孩子就可能会把孩子引上邪路，这很值得天下父母深思。

三、兄弟第三

　　这是《颜氏家训》的第三部分,在这一篇文字里,颜之推探讨的核心问题是兄弟间相处的问题。兄弟和睦,相互友爱,互相帮助,是一个家庭安定团结和谐的重要因素之一。作为长辈,颜之推希望能够通过他的教诲使颜氏子孙世代兄弟和睦,相互帮助。他对后世子孙说:"兄弟者,分形连气之人也。"他认为在家庭生活中,兄弟之间的情感仅次于夫妻、父子之间的情感。

　　颜之推认为兄弟之情是维系一个家庭或者一个家族关系的重要纽带。在家庭关系中兄弟不和就会造成家庭内部矛盾重重,关系复杂,整个家庭也就不能安定、团结,和谐地相处。在家族关系中,如果兄弟的不和,就会造成子侄辈人的关系无法相处。家庭内部之间不团结,使得家族不团结,不能互融互帮,甚至出现内斗,造成严重的后果。

　　颜之推以循循善诱教导训诫子孙后人,他认为"长兄如父",也就是兄长应当像父亲对待儿子一样去爱护弟弟,反之,弟弟应当像敬仰父亲一样去敬仰哥哥。兄弟之间如果能够做到这样,他们之间就会相处融洽,就会使家庭关系和睦,家族关系和谐,家族也会越来越兴旺发达,社会也会因此而安定团结。

(一)兄弟之情　友悌不移

【经典原貌】

夫有人民而后有夫妇,有夫妇而后有父子,有父子而后有兄弟,一家之亲,此三而已矣。自兹以往,至於九族,皆本於三亲焉,故於人伦为重者也,不可不笃。

兄弟者,分形连气之人也。方其幼也,父母左提右挈,前襟后裾,食则同案,衣则传服,学则连业,游则共方,虽有悖乱之人,不能不相爱也。及其壮也,各妻其妻,各子其子,虽有笃厚之人,不能不少衰也。娣姒之比兄弟,则疏薄矣。今使疏薄之人,而节量亲厚之恩,犹方底而圆盖,必不合矣。惟友悌深至,不为旁人之所移者免夫!

【注析品读】

有了人群,才有了夫妻关系的确立,有了夫妻之后才有了孩子,产生了父子关系,有了父子之后又有兄弟,一个家庭的亲人,也就是这三种关系(夫妻关系、父子关系、兄弟关系)。由此类推,一直到九族,都是源于这三种亲属关系的牵连,所以,它们在人伦之中极为重要,一定要认真对待。

兄弟间,虽然形体分离,但是内在的气质却很相似。小时候,父母左手牵着右手携,相互拉扯着前襟后裾,兄弟在同一个桌子上吃饭,学习用同一册课本,游玩也去相同的地方,即使有人做出一些荒谬的事情,也仍然互敬互爱。等到进入壮年时期,各自娶妻生子,即使是诚实厚道的人,感情上也会有所减弱的。至于姒娌比起兄弟来,关系就更加疏远了。如今让这种疏远而且欠缺亲密的人,来掌握兄弟之间的亲近与否,就好比本是方的底座硬

阅读《颜氏家训》

亲情家训

给加上了圆形的盖子一样，怎么都不会合适。只有兄弟和睦才能不因外人的言语而使彼此产生嫌隙。

在这段文字中，颜之推首先将家庭成员之间的关系划分为三种，认为这三种关系是家庭成员关系最为基本的三种关系，其他关系皆由这这三种关系而演化来的。在这里他主要分析讲解了兄弟和睦、互相帮助对于家庭和睦的作用。

兄弟，是我们血脉相连，身边最为亲近的人之一。身为兄长照顾好自己的弟弟、妹妹是责无旁贷的，兄长应该勇于承担自己的责任，特别是父母不在身边的时候，照料好弟弟、妹妹的饮食起居是极为重要的事情。兄长是他们身边最亲近的人，是陪同他们一起玩耍、一起成长的人。

作为兄长，应该学会谦让，有好吃的、好玩的，应该先让给弟弟、妹妹，友爱弟妹，这样才能算是一个合格的兄长。"长兄如父"，在我们身边，有很大一部分兄长扮演着父亲的角色，他们为弟弟妹妹们挡风遮雨，甚至出头打架，为弟弟妹妹们承担责罚，并保护着他们。身为弟弟、妹妹，应该学会敬爱自己的兄长，听从他们的安排，不顶撞自己的兄长。弟弟妹妹们应该明白，除了父母以外，兄弟姐妹是陪伴在身边时间最长的人，只有相互关爱、相互搀扶，才能更好地面对人生的坎坷，才能使得我们未来的道路走得更加顺畅。

照顾好弟弟、妹妹的另一种表现是以身作则，承接起父母的教育义务。这个是非常重要的一点，兄长是最了解弟弟妹妹心理变化情况的人，他们更知道如何去教育使之容易接受，此其一。其二是兄长更容易成为兄弟姐妹效仿的榜样,在颜之推的慕贤一篇中,他十分深刻地分析了慕贤的意义和作用。兄长的榜样力量是无穷尽的,因此作为兄长的同学们,应该肩负起兄长的义务,并为兄弟姐妹做出表率。

其实在当今时代,大多数同学在家庭中都是独生子女。家中只有自己,没有其他的兄弟姐妹。于是颜之推的这篇古文看上去就没有任何的实际意义了。其实并不是这样的,我们想一想,我们的同学与我们一同读书,一同生活在校园里。当遇到困难的时候,同学就像兄弟姐妹一样帮助我们,因此,我们的班级也是一个"家庭",每一位同学就和兄弟姐妹一样。我们学习颜之推的思想,学会用他的道理来对待我们的同学,相互友爱、互相帮助,这难道不是大学问家颜之推给予我们的馈赠吗? 在同学们中,我们成为别人效仿的榜样,用我们的行动来帮助同学,一同成长。当然在同学中,我们更样该"慕贤",与道德情操高尚的、知识能力强的同学为伴,向他们学习。

【知识链接】

俗语说:"打仗亲兄弟,上阵父子兵"。

这句俗语道出了一个非常深刻的道理,人与人之间最可靠,最牢固的情感就是亲情,手足之情、父子之情。在战斗中,兄弟齐上阵,就会担心对方会受到伤害,于是在作战中会表现得异常勇猛,对敌人毫不留情。参战的每一位兄弟、父子都这样想,战斗力就会变得极强。

"兄道友,弟道恭,兄弟睦,孝在中。"

——节选自《弟子规·出则悌》

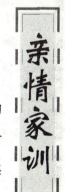

中华国学阅读

  "悌（ tì ）"的含义就是敬爱兄长。宽泛一点理解就是尊敬长辈，爱护弟妹。"道"在这里指的是：职责、责任、义务。兄长的职责是对弟弟妹妹友善、爱护；弟弟的职责是对兄长毕恭毕敬；兄弟相亲相爱关系和睦，也是一种孝顺的表现啊！

  《弟子规》中宣扬的兄弟和睦，其起点与终点都是一个"孝"字。孝顺父母是中华民族的传统美德之一，这个传统我们今天的人也一定要继承下来。

  《墨子》的重要思想之一是"兼相爱"，这种"兼相爱"其中便有"推己及人"的意思。我们今天的人与人的关系，尤其是同学之间的关系应该如何建立呢？就是应当"兼相爱"把同学当成自己的兄弟姐妹一样看待。这样去思考问题，去做事情，去营造同学之间的关系，同学之间就应该相互爱护、相互帮助。

  (二)兄弟相顾　形之与影

【经典原貌】

  二亲既殁，兄弟相顾，当如形之与影，声之与响，爱先人之遗体，惜己身之分气，非兄弟何念哉？兄弟之际，异于他人，望深则易怨，地亲则易弭。譬犹居室,一穴则塞之,一隙则涂之,则无颓毁之虑;如雀鼠之不恤,风雨之不防,壁陷楹沦,无可救矣。仆妾之为雀鼠,妻子之为风雨,甚哉!

兄弟不睦,则子侄不爱;子侄不爱,则群从疏薄;群从疏薄,则僮仆为仇敌矣。如此,则行路皆踖其面而蹈其心,谁救之哉?人或交天下之士皆有欢爱而失敬于兄者,何其能多而不能少也;人或将数万之师得其死力而失恩于弟者,何其能疏而不能亲也!

【注析品读】

父母去世之后,兄弟之间彼此依存,两者的亲密关系就如同身体与自身的影子,所发出的声音与收到的回声一样,爱护父母的遗体,珍惜自己身上分得的血气,如果不是兄弟又怎么会挂念彼此呢?兄弟之间的关系同他人之间的关系不同,期望彼此付出得越多则更容易产生怨恨,只有保持亲密的关系才能消除这种不满。这就像住的房屋,出现了一个漏洞就塞好,出现了一条细缝就涂好,那就不会有倒塌的忧虑;假如有了麻雀和老鼠也不担忧,刮风下雨也不防御,那么时间久了墙壁和柱子就会塌陷,无法修补了。奴仆、妾就像麻雀和老鼠,妻子就像风雨,也许他们更厉害些吧!

兄弟之间不和睦,就会使子侄之间相互不敬爱,子侄之间相互不敬爱就会使得整个家族中的人都变得疏远;如果家族中的亲人都疏远了,那么那些书童仆人就会相互敌对。这样的话,在路上行走的时候,陌生人都践踏、侮辱他们,还会有什么人来救他们吗?这样的人,他能够结交天下的人士,与他们交往十分融洽,然而却对自己的兄长不敬爱,为什么能够与那些人交往却不能与自己的兄长相处融洽呢?有这样的人,能够统领数以万计

亲情家训

的部队,使他们愿意付出生命去战斗,然而这样的人中还有不善待自己弟弟的,为什么偏偏这些人能够亲近比较疏远的人却不能与身边的亲人处好关系呢?

上面两段解释了古文的大意,我们从中悟出了许多道理。大学问家颜之推在这两段文字中叙述了当父母去世之后,兄弟间应当如何相处。父母毕竟要比我们大几十岁,自然规律是不可违抗的,生老病死没有任何人可以逃脱,当父母不在世之后,身边的至亲也就只有兄弟姐妹了。颜之推告诉大家血总是浓于水的,能够成为兄弟是一种缘分,是父母给予我们的一种馈赠。兄弟是父母血脉相承的人。父母给予我们生命,我们用心去经营自己的人生;同时也是父母的血脉赋予了兄弟的生命,我们当如何去对待呢? 颜之推说:"兄弟相顾,当如形之与影,声之与响,爱先人之遗体,惜已身之分气,非兄弟何念哉? "

紧接着颜之推说:"兄弟之际,异于他人,望深则易怨,地亲则易弭。"我们换一个角度去阅读这一句话,其实非亲属关系的人与人之间也是这样的,同学之间的友谊就是如此,互相友爱、互相帮助就能够消除怨怼。

颜之推还在这段中指出了兄弟不睦对家族的影响以及几种十分特殊的兄弟不睦的现象,而且那些兄弟不睦的现象令我们想起来觉得匪夷所思。兄弟不睦对于家族而言是一种灾难,兄弟间的不睦就会造成相互排挤,那么儿孙就会生疏并相互仇视,儿孙相互仇视各为其主的奴仆就会因为献媚而破坏对方的幸福。这样一来形成了连锁的家族纷争,其终点便是家道中落。在这本书的前言中我们讲到了这样一个问题,中国古代社会是以家庭为最小的社会单位的,比家庭大一点的社会单位就是家族。如果从家庭开始出现问题,再到家族出现问题,这样一直蔓延下去,就会波及到整个社会,造成社会的不安定团结,造成国家政权的动摇和变化。这就将家庭问题上升到了整个社会问题。

几种匪夷所思的兄弟不睦的现象是:对待别人十分亲密,对待朋友十分亲密,而对待自己的亲生兄弟却视如仇人;对待同一个战壕中的战友可以牺牲生命,可以为了将领而与敌人殊死搏斗,然而对自己的亲生兄弟却看似仇人一般。上文中后面的文字大概内容是分析出现这种问题的原因,其原因颜之推认为出现在兄弟各自的妻子身上,因为妻子之间的相互计较、攀比。其实,使得兄弟之间不和,从某种角度上讲这的确有一定的道理,但是,这并非根本原因。其根本原因还是兄弟之间的感情存在一定的问题。

【知识链接】

"伯夷、叔齐"的故事

伯夷和叔齐兄弟二人是商王朝末年孤竹国国君的大儿子和三儿子。《史记·伯夷叔齐列传》中记载他们的父王,留下遗愿,希望他的三儿子叔齐能够继承他的王位。不久孤竹国国君就

去世了。按照遗愿叔齐应当继承王位，但是他觉得大哥伯夷贤于自己，理应由他来继承王位，于是让位给大哥伯夷，伯夷谨遵父王遗愿，同时更不想破坏兄弟情谊，所以没有接受叔齐的让位，然后他离开了孤竹国去了周国。伯夷走后，叔齐觉得大哥如此谦逊礼让，自己作了君主内心愧疚，也逃到了周国去了。后来孤竹国的大臣们一致推举孤竹国国君的二儿子作了国君。

武王伐纣时，伯夷和叔齐拉住周武王的马缰绳劝阻他不要去弑杀君主。武王没有听从劝谏消灭了商朝，伯夷和叔齐因为自己是商朝人，认为食用周朝的粮食可耻，于是采集山上的野果野菜来吃，后来饿死在首阳山上。

我们把《史记》中的原文摘录如下：

伯夷、叔齐，孤竹君之二子也。父欲立叔齐，及父卒，叔齐让伯夷。伯夷曰："父命也。"遂逃去。叔齐亦不肯立而逃之。国人立中子。于是伯夷、叔齐闻西伯昌善养老，盍往归焉。及至，西伯卒，武王载木主，号为文王，东伐纣。伯夷、叔齐叩门而谏曰："父死不葬，爰及干戈，可谓孝乎？以臣弑君，可谓仁乎？"左右欲兵之。太公曰："此义人也。"扶而去之。武王已平殷乱，天下宗周，而伯夷·叔齐耻之，义不食周粟，隐于首阳山，采薇而食之，及饿且死。

——节选自《史记·伯夷叔齐列传》

其实我们今天看来伯夷叔齐的故事有一些迂腐，但是他们的这个故事在古代可谓之兄弟和睦的典范。

在这里我们介绍一个小常识：

古代兄弟排名顺序按照：伯、仲、叔、季的顺序往下排。一般在名字中有"伯"字的都是家中的长子；有"仲"字的都是第二子，以此类推。"伯夷"名字中有一个"伯"字，所以他是孤竹国国君的长子，孔子，名丘，字仲尼，他的字里面有一个"仲"，这也表示了孔子在他们家排行第二。"叔齐"名字中带有"叔"字因此排行第三。这个小常识对于阅读古书具有一定的帮助，能够从一个特定的范围内了解历史人物之间的长幼尊卑的关系。

亲情家训

四、治家第四

中华民族是一个"家"文化异常光辉灿烂的民族。在中华文化中，"家"文化占据着十分重要的地位，对于家庭治理的理论向来为中国人所重视。《颜氏家训》这一卷主要是颜之推治理家庭的理论和观点。他对于家庭的治理提出了很多至今仍然十分有实践意义的理论，他认为家庭的治理最重要的是应当做到上行下效。父母长辈要想得到子女的孝顺就应当对子女慈爱有加；兄弟姐妹之间要想得到相互的帮助和友爱，首先就应当帮助和关爱他人。这样才能够使家庭关系团结融洽。

颜之推把治家同治国联系到一起，他认为这两件事情从根本上是一个问题。治国要奖罚分明，臣子们才能够信服，国家的秩序才能够安定有序；类比之下，治家也是如此，对子女一视同仁，有奖有惩，奖惩皆有礼制，那么家庭就会秩序井然。

颜之推的治家理论还包括婚姻问题的原则和态度、重男轻女观念的否定等等。在颜之推治家理论体系中，我们选取了"勤俭持家"这一主题。"勤俭持家"是中华民族的传统美德，要不断地传承下去，并发扬光大。尤其是物质极为丰富的今天，我们要认识勤俭的意义，并将这一具有现实意义的中国传统美德发扬下去。尽管我们生活在条件已经比较富足的今天，但是我们仍然要杜绝浪费。在这一卷中颜之推着重分析了勤俭与吝啬的概念，划清这个界限就是为了能够使得子孙后人明白勤俭和吝啬是不同的概念，是两回事。在这里我们也提到了哲学中"度"的概念，"过犹不及"这个成语就是在解释"度"的感念。挥霍浪费可耻,我们应当注意,但是勤俭持家到了吝啬的程度很显然就是"过犹不及",那就不可取了。

让我们共同走进颜之推《颜氏家训》治家第五卷,去体味这位先哲给我们的启示和思考,去聆听他的谆谆教诲。

(一)勤俭节约　传统美德

【经典原貌】

孔子曰:"奢则不孙,俭则固。与其不孙也,宁固。"又云:"如有周公之才之美,使骄且吝,其余不足观也已。"然则可俭而不可吝已。俭者,省约为礼之谓也;吝者,穷急不恤之谓也。今有施则奢,俭则吝;如能施而不奢,俭而不吝,可矣。

【注析品读】

孔子说:"奢侈能够使人不谦逊,节俭能够使人固守贫穷。与其不谦逊,宁可固守贫穷。"又说:"倘若一个人具有周公那样的才能,那样的美貌,然而这个人既骄傲又吝啬,那么这个人身上其他的优点也就不值得称道了。"这样说来,一个人是一定要节俭的,但是绝对不能够吝啬。节俭,就是勤俭节约合乎礼法、礼节、礼仪;吝啬,就是看到他人穷困危急时也不帮助、不体恤。现在常常把施舍说成是奢侈的,这样去节俭实际上便是吝啬。如果能够做到施舍但是并不奢侈,节俭却不吝啬,那样做才是真正的节俭呢!

颜之推借用古代圣人的话教育自己的子孙后代,应该养成勤俭持家的好习惯。从中我们总结出了勤俭节约这一美德从先秦孔子的时代(春秋时

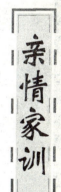

期）到颜之推的南北朝时期，一直延续到今天，由此可见，勤俭节约是自古以来就被奉为是中华民族的传统美德。我们每个人都应该继承和发扬这种美德。

勤俭节约在今天具有十分重要的现实意义。当今我们的生活水平已经发生了翻天覆地的变化，物质生活条件已经很好了。正是因为如此，铺张浪费也悄悄地成为一种风气。在这种风气的影响下，在衣食住行等日常生活中，追逐名牌的行为陡然盛行。

"衣不蔽体，食不果腹"的时代已经离我们远去，因为我们已经处于衣食无忧的生活之中。因此，我们不止简单地要求衣能蔽体，食能果腹。但是，若是过分攀比衣食住行中所用的物品是否贵重、是否时尚，这也是一种奢华的行为。我们今天如何看待节俭呢？衣能够穿着得体，食物能够供给身体所需的营养就好了。穿衣戴帽之所以做到得体即可，是因为物质生活富足的人们更应该讲求礼仪、懂得礼貌。颜之推也这样说："俭者，省约为礼之谓也。"（节俭，就是勤俭节约合乎礼法、礼仪、礼节）也就是说，节俭的新要求是符合礼仪。比如说，当代学生在学校里学习生活，穿着统一的校服，这就比较符合学校生活的礼仪。

我们在这段短文中，还读到另外三个词汇，一个是吝啬，一个是奢侈，一个是施舍。颜之推把节俭、吝啬、奢侈这三个词放在了一起。节俭和奢侈这两个词是反义词，我们不难理解，但是吝啬和节俭的关系、施舍与奢侈的关系，就不得不引起我们的思考。南北朝时期，很多人把施舍看作是一种奢侈，抑或把节俭看作是一种吝啬。这两种思想都是不正确的，因此，颜之推根据当时的社会风气，纠正错误的观念，让子孙后人真正地明白这些概念的内涵。

"俭者，省约为礼之谓也；吝者，穷急不恤之谓也。"节俭是按照礼节、礼仪、礼法节约不必要的浪费；吝啬是看到别人处在极端贫困且十分危急的时候，不伸手帮助。这两句话已经把节俭和奢侈两个概念说得十分明白了。希望我们能够认真对待这个问题，做一个勤俭节约的人，继承中华民族的传统美德。

【知识链接】

"文景之治"注重节俭

节俭不仅仅对于个人家庭而言是一种美德，是持家必要的一个准则，对于国家也是如此。西汉初年，由于秦末的战乱，使得百姓生活十分贫苦，于是汉初的帝王们都十分注重节俭。他们以身作则，上行下效，于是出现了"文景之治"的盛世局面。

汉文帝是一位非常节俭的皇帝，他穿着朴实无华。当时汉代以宽大的服饰为尊贵，常常是衣服的袖子和下摆都要拖在地上。文帝为了节俭，穿着的衣服从来都是适度为止，不会让衣襟、袖口拖在地上。不仅不要求衣服长宽肥大，而且衣服的修饰上也从不加以文绣。

除了衣服以外,汉文帝即位后,并没有搞排场,不曾增加宫室内的车辆、用度等等。

为了能够使天下以节俭为美德,文帝还颁布了法令,号召天下人都厉行节约,禁止浪费,不允许贵族官僚奢侈浪费,禁止下属郡国向天朝进贡奇珍异宝。

景帝延续了文帝的作风,父子二人为大汉朝的中兴作出了巨大的贡献。这种节俭为国的行为实在是值得我们敬仰。

作为一国之君,锦衣玉食,无所不有。相比我们今天的富裕可以说超出千百倍也不止,然而仍然能够为了治理国家而节俭有度,实在是难能可贵。古代帝王尚且如此,对于新时代的我们,就更不应该浪费和豪奢了。

(二)列举实例　尚俭败奢

【经典原貌】

裴子野有疏亲故属饥寒不能自济者,皆收养之。家素清贫,时逢水旱,二石米为薄粥,仅得遍焉,躬自同之,常无厌色。

邺下有一领军,贪积已甚,家童八百,誓满一千,朝夕每人肴膳,以十五钱为率,遇有客旅,更无以兼。后坐事伏法,籍其家产,麻鞋一屋,弊衣数库,其余财宝,不可胜言。

南阳有人,为生奥博,性殊俭吝。冬至后女婿谒之,乃设一铜瓯酒,数脔獐肉,婿恨其单率,一举尽之,主人愕然,俯仰命益,如此者再,退而责其女曰:"某郎好酒,故汝常贫。"及其死后,诸子争财,兄遂杀弟。

【注析品读】

　　裴子野遇到远房亲戚和老朋友饥寒不能自救的,他就都收养下来。裴子野的生活因此一直都十分清贫,但当遇上水旱灾的时候,他依旧拿出来二石米熬成稀粥,勉强地使每个人都能吃上一点,裴子野本人也和大家一起吃熬好的稀粥,过着这样清贫的日子,他一直没有厌倦过。

　　在京城郊下有一位大将军,十分贪婪积累了很多金钱财物,在他家里仅仅家童就有八百多人,但他还觉得不够,发誓要凑够一千人,这些家童早晚的伙食标准为每人十五钱,遇到有客人来到家中的时候,也不舍得增加一点儿饭菜。后来这个人触犯了刑法,被朝廷处死了。朝廷没收了他的家产,将他的家产清点入册的时候,发现他有麻鞋一屋子,旧的衣服藏了好几个仓库之多。还有别的财物,数不胜数。

　　在南阳有一个人,一生喜欢聚敛财物,但他十分吝啬。冬至过后,他的女婿前来探望他,他仅仅准备了一铜瓯的酒,几块獐子肉。女婿看了暗自埋怨岳父抠门,于是一口将酒喝光,三下两下将獐子肉吃掉。这个人看到女婿一下子把酒肉全部吃光了露出分外惊讶的表情,没有办法,他只能再勉强添了一点酒肉,添上多少,吃掉多少反复几次。这件事情之后,这个人责怪他的女儿说:"你的丈夫太喜欢喝酒了,这才使得你家的生活总是那样贫困。"后来这个人死了以后,他的几个儿子为了争夺财产致使兄弟之间反目成仇,酿成了弟弟被哥哥杀死的骨肉相残的惨状。

　　颜之推在这段文字之中,描写了三个人物,裴子野、京城郊下将军、南阳人。其中裴子野是我们学习的榜样,他为人节俭,乐善好施,这些优秀的

品质值得我们继承和发扬。他的家境原本也也并不阔绰，但是，他从来不将穷困的、不能维计生活的远亲和朋友拒之门外，这种高贵的品质我们应当效仿。

京城郗下将军是奢侈之人的代表，他的家中养了八百多人的家童，还不满足，要凑到一千，看来他是多么奢侈的人。

南阳人是吝啬之人的代表，他对自己的女婿都异乎寻常地吝啬，喜欢聚敛钱财，属于吝啬鬼的典型代表。

这段话是承接"（一）勤俭节约　传统美德"的那段话所举的例子，颜之推用实际例子为证来叙述什么是节俭好施，什么是奢侈无度，什么是吝啬。

【知识链接】

文学作品中，四大吝啬鬼形象：

一、中国文学中的吝啬鬼形象：

（一）吝啬鬼"严监生"形象出自于《儒林外史》，他是中国文学作品中首屈一指的吝啬鬼。

故事的大概情节是这样的：

严监生的吝啬超乎寻常。妻子患了重病，医生给开具的药方中有名贵的人参、附子，他都舍不得买。

在平时生活中，他几乎从不买肉给家里人吃。只有小儿子馋肉了，哭闹不止，完全没有别的办法的时候才会买上四个钱的熟肉给他吃，别人只有眼馋的份。

吴敬梓在《儒林外史》中表现严监生吝啬的文字写得更辛辣讽刺的，还要数他去世的那一段。严监生病重，自己舍不得用药来医治，渐渐病入膏肓，无药可医。于是，就出现了他临终前的一幕。严监生死去的那天晚上，他的卧室里面挤满了亲人朋友，僮仆家人。为了使屋子里面的光线更加明亮一些，这天晚上，桌上的油灯加了一根灯茎。即将死去的严监生看着桌子上的那盏灯不住地摇头，喉咙里面已经说不出话来，就用枯黄的手颤抖着指向那盏灯。

外人不理解严监生为何如此，看他已经行将就木，但是始终没有断了口中的这口气。这时，十分了解严监生的赵氏从人群中挤到严监生面前，对他说："您这是害怕我们浪费灯油才迟迟不愿离开，如今我已挑掉了一个灯芯，您就放心吧。"

说完这话，赵氏将两个灯茎挑掉了一个。屋子里的光线暗淡了下来，这时候，众人再看奄奄一息的严监生，他点了点头，指着油灯的手缓缓垂下，断了最后一口气。

这段传神的描写，极力地讽刺了吝啬的人。严监生的吝啬到了让人发笑的地步，当然有伟大作家吴敬梓的夸张描写。

（二）吝啬鬼"监河侯"的形象出自于《庄子·外物篇》，他是中国古代先秦时期被世间人所熟知的吝啬鬼形象。

原文如此记载：

庄周家贫。故往贷粟于监河侯。监河侯曰："诺。我将得邑金，将贷于三百金，可乎？"庄周忿然作色曰："周昨来，有中道而呼者。周顾视车辙中，有鲋鱼焉。周问之曰：'鲋鱼来！子何为者邪？'对曰：'我，东海之波臣也。君岂有斗升之水而活我哉？'周曰，'诺，我且南游吴越之王，激西江之水而迎子，可乎？'鲋鱼忿然作色曰：'吾失我常与，我无所处。吾得斗升之水然活耳，君乃言此，曾不如早索我于枯鱼之肆！'"

这段文字所写的大概内容是：庄子家境贫寒，家中的粮食吃光了，因此他向监河侯借取一些粮食。监河侯对庄子说："可以。我很快就能够得到一邑租赋金，等我拿到这笔钱就借给你三百金，你看行不行？"庄子很不高兴地阴沉着脸说："昨天我来此途中听见喊叫我名字的声音，我回头一看在车辙中有一条鲫鱼，我问：'鲫鱼啊！你在车辙印中做什么呀？'它回答说：'我是东海水族仆臣，海浪把我带到这里，我因失去生活的水源而面临生命危险，您愿意用升斗的水救活我吗？'我说：'可以呀。不过，你得等待我游历完吴越两国说服他们的国王，把西江的河水引来迎救你，行吗？'鲫鱼十分生气，脸色大变说道：'我失掉了我生活的水域，现在我已经无容身之地，我只要得到一斗水就可维持活下去，你居然这样说，那么你还不如早点去干鱼市场找我算了！'"

这段话，足以看出河监候的吝啬，他不只是吝啬，还找一些借口来搪塞庄子。这种人比一般吝啬鬼还讨人厌，还卑劣得多。

亲情家训

五、风操第六

在这部分要阅读的是《颜氏家训》第六部分风操。

首先见到风操这个词汇感觉并不熟悉，那么就先来解释一下这个词汇吧。这里的"风操"指的是士大夫为人为事的节操和风度。想了解这个词汇的内涵就要知道士大夫这个名词是什么意思。根据《辞海》中的解释，我们知道士大夫就是旧时候地位很高、名望很大的读书人。那么风操的解释可以这样说：就是那些有名望、有地位的读书人的言辞举止、行为动作。

颜之推为什么要强调这一点呢？因为风操是古人修身的重要方面之一，言谈举止讲究礼节、合乎法度才称得上是彬彬有礼的君子。有知识、有思想、言谈文采飞扬、行为循规蹈矩才会受人敬仰。当时士族阶层十分盛行，许多士大夫徒有其名，知识匮乏、生活腐朽、思想偏执。在这样的社会风气之下，颜之推强调风操来提高子孙后代的节操风度是十分必要的。

我们不是封建社会的士大夫或者士族，但是这些哲理或者说文辞、行为礼仪我们也应该懂得。同学们都在读书，将来都会成为社会的栋梁之才，那时候就是有知识、有名望的"士大夫"了。其实是不是"士大夫"不重要，在当今社会懂得礼节，行为举止符合社会规范、成为一个彬彬有礼、风度翩翩的人这才是最重要的。人之所以为人，是懂得礼仪、礼节。知道礼仪、懂得避讳，言谈举止儒雅规范自古以来就是社会生活对人的要求。在人际交往的过程中，知书达理的人才能够更容易被他人所接受，以致形成一个良好的交际圈。

（一）见似目瞿　闻名心瞿

【经典原貌】

《礼》曰："见似目瞿,闻名心瞿。"有所感触,侧怆心眼,若在从容平常之地,幸须申其情耳。必不可避,亦当忍之,犹如伯叔、兄弟,酷类先人,可得终身肠断与之绝耶？又"临文不讳,庙中不讳,君所无私讳"。盖知闻名须有消息,不必期於颠沛而走也。

【注析品读】

《礼记》说："看见和已故的父母容貌相似的就会目惊,听见和自己去世的父母名字相同的就会心惊。"心和眼睛有一些感触之后,就会使心和眼睛凄怆,倘若身处一般情况之下,可以宣泄一下这种感情,倘若是无法回避的情况下,也应该在心中控制把持这种情绪的流露,假如说看到伯叔、兄弟的长相和过世的父亲十分相近,就由于见到他们感到十分悲痛而一定要与他们断绝往来吗？在《礼记》中有这样的记载："书写文章的时候不用避讳,在宗庙里祭祀的时候不用避讳,在面见君王的时候不用避讳自己先祖的名讳。"由此可见,当听到名讳要适当斟酌再去避让,不一定非要匆匆忙忙地躲避。

【知识链接】

南北朝时期的梁朝有一个人,名字叫谢举,他同哥哥谢览齐名,都是南北朝时期著名的官员士族。谢举做过梁帝太子的老师,诗文十分有文采,曾经赠五言诗给南北朝著名的文学家、史学家沈约并受到沈约的美誉。谢举一生军旅生涯十分丰富,曾经多次做过大将军,是当时非常有声望一个人。

亲情家训

尽管他的成就和地位被世人所敬仰，但是他的一些迂腐行为也被世人所讥笑。避讳父母的名讳是一种礼节，但是避讳不当就成了笑话。这是颜之推的观点，谢举不管是什么情况、什么场合只要一听到自己父亲祖辈的名字，就痛哭流涕。很多时候致使正常的谈话终止，使得本来很好的氛围变得糟糕透顶。因为这个缘故，他常常被世人所讥笑。

南北朝时期北朝齐国有一个著名的尚书右丞叫臧严，这个人自小遵从孝道远近闻名。他有一个儿子叫臧逢世，这个人继承了他父亲的一切优点，做学问十分踏实，道德高尚行为举止斯文雅正；不过，他把避讳这件事情做的有些过头了。

梁元帝时（南朝宋、齐、梁、陈四个朝代执政的时间都不长，公元420—479年为宋统治时期，公元479—502年是齐统治时期，公元502—557年是梁统治时期，公元557—589年是陈统治时期。我们可以从这个时间段上看出四个朝代更迭的情况，所以臧严在齐任职，到了儿子臧逢世就在梁任职了），臧逢世到江州建昌担任督办公事。

臧逢世到任以后，由于他的为人而受到老百姓的信任。于是，县城中的老百姓都争抢着给臧逢世写信，倾述困苦和生活中的难题。

开始的时候，臧逢世接到了很多来信，一天下来有上百封之多。所有的书信堆在一起摆满了长长的桌案。他每天都要阅读到深夜，仔细地读，然后认真地给予回复，并帮助解决生活中的实际问题。

有一天，臧逢世在一封来信中读到了一个词，然后就放声大哭起来，十分悲痛。原来在书信中他读到了"严寒"这个词语。由于他的父亲叫臧严，名字中的"严"字正是"严寒"的"严"字,这使得他想起了他的父亲。按照古人孝道而言理应如此,但是事实上,有时候应该视具体情况而具体去做。臧逢世因为这件事情影响了他的工作,他伤心起来,什么事情也做不下去了,把官家的事情搁置到了一旁。

渐渐地他在这个县城任职久了以后,常常避讳而使工作不能够顺利开展下去,于是引起了老百姓的怨恨,最终被朝廷召了回去。

臧逢世就是由于避讳做过头了,在不合时宜的时候依然做着不该有的避讳。才影响了工作,毁掉了个人的前途。

这两个小故事也出自《颜氏家训·风操第六》这一段,是颜之推举例说明不当的避讳是不可取的。摘录原文如下:

"梁世谢举,甚有声誉,闻讳必哭,为世所讥。"

"又有臧逢世,臧严之子也,笃学修行,不坠门风,孝元经牧江州,遣往建昌督事,郡县民庶,竞修笺书,朝夕辐辏,几案盈积,书有称'严寒'者,必对之流涕,不省取记,多废公事,物情怨骇',竟以不办而还。此并过事也。"

(二)避讳常识　不得不知

【经典原貌】

凡避讳者,皆须得其同训以代换之:桓公名白,博有五皓之称;厉王名长,琴有修短之目。不闻谓布帛为布皓,呼肾肠为肾修也。梁武小名阿练,子孙皆呼练为绢;乃谓销炼物为销绢物,恐乘其义。或其有讳云者,呼纷纭为纷烟;有讳桐者,呼梧桐树为白铁树,便似戏笑耳。

【注析品读】

　　所有需要避讳的词汇都必须用和这个词意义相近的词来替换它：由于齐桓公的名字叫小白，所以在博戏中人们把"五白"称之为"五皓"；西汉时期，由于淮南厉王的名字叫做长，所以在词语"琴有长短"中的"长"就改成了"修"，说成是"琴有修短"。尽管需要避讳，但是并没有听说过把"白帛"叫做"白皓"的，把"肾肠"叫做"肾修"的。梁武帝的小名唤作阿练，因此他的子孙在说话或做文章是都用"绢"字来代替"练"字。于是把"销炼"物品称之为"销绢"物品，恐怕这样做就与事义有所背离了。有避讳云字的人，把"纷纭"称之为"纷烟"；还有避讳"桐"字的人，他们把梧桐树唤作白铁树，这简直是让人捧腹大笑了。

　　从文中我们可以读到两层意思。第一，在古代用字方面是有避讳的，这种避讳是礼节上的避讳。第二，避讳本身并没有问题，应该遵从礼仪避开使用先人或是君主名字中使用的字，不过，避讳不能够做得太过。在哲学中，我们了解什么事情都有一个"度"的概念。也就是说做事要讲究"度"，成语"过犹不及"。倘若避讳用字，像《颜氏家训》中说的将"纷纭"称之为"纷烟"那就会贻笑大方了。因为"纷烟"和"纷纭"根本就不是一个词义。白铁树更没有梧桐树典雅。

【知识链接】

这一节我们来了解一下关于古人避讳的常识。这些常识属于古代文化的范畴。了解这个常识对于阅读研习古文具有非常重要的意义。我们了解了这样的古代文化常识，在阅读一些典籍的时候就能够知道许多奇怪的地方如何解释了。比如，在汉文帝时期，我们常常说的恒山，在文帝时期的文章中出现就不写成恒山了，而是写成"常山"。如果没有这样的文化常识来支撑我们的阅读，就不知道"常山"到底是什么地方，这是重要的意义之一。

另外，我们的文化是自古至今一脉相承的。了解一些古代文化知识，我们就能够理解一些具有中国特色的礼仪现象。比如说，一般我们在谈及至亲或者十分仰慕的人去世时，我们常常避讳说"死"这个字，甚至连"去世"这个词也不愿意用，而使用"不在了"这样的词汇来避讳说"死"。

避讳常见的有几种情况：

一、避国之讳，包括国号、年号、国君帝王的姓名等等。

常见的几个例子：

东汉光武帝刘秀的名字避讳：避"秀"字讳，凡是作文、言谈中出现"秀"字时，都要视情况而书写成"茂才"，当时的秀才就都变成"茂才"了。

秦帝国也是中国历史上第一任皇帝秦始皇，出生于公元前259年正月，于是起名叫嬴政。（由于他出生在赵国的邯郸，所以他又叫赵正）。这个"正（政）"字就涉及到了避讳的问题，因此在大秦帝国时，正月不叫作正月，避讳为"端月"，其实正就是端，端也就是正的意思。

宋朝时,宋钦宗的名字叫赵桓,因此在宋代的史书中春秋五霸之首的"齐桓公"为了避讳当时钦宗的名字而写成"齐威公"。

中国古代四大美女之一的王昭君,姓王名嫱字昭君。在晋代为了避讳晋文帝司马昭的名讳,改称"明君"或"明妃"。

关于避国之讳的例子举不胜举,因为历朝历代都有这样的避讳,这是中国古代文化中的一个重要方面,如果不了解这个常识,错误地把齐威王和齐威公当成是一个人,那就会出现笑话了。齐威王是齐桓公,是齐威公的儿子。

第二种避讳现象,是避家之讳。一般是文人墨客,文史学家为了避讳家中父祖的名字而出现的避讳。关于这个避讳有一个很有趣的小故事:

南北朝时期,南朝齐有一个叫做谢超宗的人,他的父亲名字叫凤。有一天,谢超宗去王僧虔家拜访,两个人见面之后寒暄许久,拜访了王僧虔之后,他又去看王僧虔的儿子王慈。王僧虔是我国书法史上极负盛名的书法大家,是我国著名书法名家王羲之的第四世孙,习练书法成为王家的一种传统,视为家学。

谢超宗来到王慈的书房之中,正巧王慈在练习书法。谢超宗走上前去看了许久,不断地点头。过了一会儿,他随口说道:"你的书法和虔公相比谁的更胜一筹啊?"在别人面前说话之中带有父祖的名字是一种极不礼貌的行为。其实这不仅仅在古代,在当今社会也是一样。谢超宗说完这话之后,王慈十分不高兴,他就阴沉着脸对谢超宗说:"我的书法水平和我父亲的比较,就好像用鸡与凤相比较一样。"

王慈故意在他的言辞中使用了"凤"这个字,是因为谢超宗的父亲名字中间有"凤"这个字,以此来回敬谢超宗对家父的不敬。

第三种避讳现象是避讳长官的名字及其家中父祖的名字。这种避讳和第二种就很接近了,更能够体现出中华文化的传承,以及今天礼仪的一些渊源。

第四种避讳现象是避讳圣人、圣哲的名字。

第五种避讳是自讳姓名。这种自讳姓名有些强求他人避讳的意味。一般都是要求下级避讳开自己的姓名,具有一定强权的意味。

有关古人避讳经常使用的方法有三种:

改字法:改字法就是我们上面列举的那些方法,找同义词或者近义词来代替。

缺笔法:缺笔法就是在原有的汉字上减少笔画,使之变成新的汉字。比如唐朝有名的明君李世民,在唐人书写《于志宁碑》时为了避讳李世民的名字中的"世"字,讳写成"卅"字,省去了最下面的一横。

空字法:空字法顾名思义将应该避讳掉的文字用"□"代替,或者干脆空白不写上去。

六、慕贤第七

这部分我们要共同来阅读的是《颜氏家训》的第七部分"慕贤"。

何为慕贤？用现在通俗的话说就是"崇拜偶像"。使用了这样时髦的词汇是要引起同学们的注意，激起联想易于理解慕贤的含义。不过古人的慕贤和今天盲目的"偶像崇拜"还是有一定差别的。颜之推在此所指的慕贤是说仰慕有才华的人，以他们为榜样，学习他们优秀的道德品质和行为举止，不断地进取，改正自身的毛病缺点，在古圣贤人以及身边德高望重的人的熏染下，成为谦谦君子，成为道德和品行都十分高尚的人。孔子说："见贤思齐，见不贤而内省之。"讲得就是这个意思。

颜之推在这一部分中分析了追慕榜样的重要意义和与品行道德高尚的人为友的好处。希望他的子孙能够效仿古圣贤人，以他们的道德标准为准绳，以他们的行为仪态为榜样，而且以这个问题为出发点，引申到对于周围朋友贤人的追慕。学习身边朋友身上的优点，长处，弥补自己的缺点和不足，正所谓"取长补短"。

《颜氏家训》中慕贤这一部分内容，给予我们的启示和帮助是非常大的。从上面的分析看，我们可以得到两点启示：第一，按照榜样去效仿，不断完善自己，相信榜样的力量，榜样是古圣贤人，在时间和空间上都是与我们距离较远

的;第二,追慕贤于自己的人,或者说"与善人交",与身边的贤达之人做朋友,接近学习身边贤达的朋友的优点长处,受其熏染,使自己成长为知识渊博品德高尚的人。颜之推在这里面所讲的慕贤就是通过仰慕贤才达到"与善人居,如入芝兰之室,久而自芳也;与恶人居,如入鲍鱼之肆,久而自臭也"。

(一)千载一圣 五百一贤

【经典原貌】

古人云:"千载一圣,犹旦暮也;五百年一贤,犹比髆也。"言圣贤之难得疏阔如此。傥遭不世明达君子,安可不攀附景仰之乎! 吾生於乱世,长於戎马,流离播越,闻见已多,所值名贤,未尝不心醉魂迷向慕之也。人在年少,神情未定,所与款狎,熏渍陶染,言笑举动,无心於学,潜移暗化,自然似之,何况操履艺能,较明易习者也! 是以与善人居,如入芝兰之室,久而自芳也;与恶人居,如入鲍鱼之肆,久而自臭也。墨子悲於染丝,是之谓矣,君子必慎交游焉。孔子曰:"无友不如己者。"颜、闵之徒,何可世得,但优於我,便足贵之。

【注析品读】

古人说:"经过漫长的历史,承载千年的文明,才能推崇出一位圣人,给人的感觉却像度过了早晨和晚上一天的时光一样;历经五百年积淀,才能出现一位圣人,出现的频率就象是肩碰肩一样高。"由此可见圣人和贤人是多么稀缺呀! 如果能够有机会遇到世间少有的明达之人,怎能不怀着敬仰

的心情呢！我出生于乱世,经历了战争,过着颠沛流离的生活,因此积累了一定的生活阅历,对名流贤士没有过分地崇拜仰慕。年少时的我们会随着外围事物而改变自身,也就是说抵抗不良事物的意志力还不够坚定,在与人交往的过程中,会受到与之关系亲密的人的影响,虽然并不是有意效仿,但随着时间的推移,他的一言一行都在潜移默化的影响着你,你们俩会有很多的共同点,何况是操行技能这一类的事情呢,相比较之下是更容易学习的东西呢！与善良的人在一起居住,如同进入了摆满芝兰的房间,时间一久自然就芬芳;与品行不端庄的人在一起,就好像是进入了卖鲍鱼的店铺,时间一久自然就腥臭。墨子见丝线浸染在染缸中,慨叹它颜色的多变,提醒人们在择友方面一定要慎重。孔子说:"不予那些不如自己的人叫朋友。"但像颜回、闵损这一类的贤能,世间并没有多少,但只要他人有超越自己的地方,就有他难能可贵的地方,可以向其学习。

【知识链接】

"圣人"孔子

孔子,字仲尼,今山东曲阜是孔子的故乡,在春秋时期,山东曲阜为鲁国陬邑。

孔子是春秋末期的思想家和教育家,儒家学派的创始人。在当时被誉为"天纵之圣""天只木铎",后世又尊称他为孔圣人、至圣先师等,是中国历史上最著名的思想家和教育家。孔子的思想具有深远的影响。

孔子出生在春秋末年,当时周王朝已经名存实亡,整个社会处于一种礼崩乐坏的状态。按照历史学家的考证,孔子本是殷商贵族的后裔,后来移民宋国,他本人出生于周朝的礼仪制度保存得比较完整的鲁国,因此周礼对他人生的影响很深,传播和恢复周礼也成为了他一生的志向。仁 ,是孔子社会政治、伦理道德的最高理想和标准。孔子说:"仁者安仁,智者利仁。"意思是说,仁者要懂得运用"仁"来安身立命,智者也要在事业中充分利用"仁"的力量。

为了能够营造一种理想的以"仁"为本的人格,孔子从 30 岁之后,一直都在从事授徒讲学的活动,讲学的内容包括诗、书、礼、乐;晚年的孔子删定了《诗》《书》《礼》《乐》,使这些儒家著作更能体现儒家思想,成为塑造学者精神生命以及精神教养的经典文本。孔子之后,后世儒家学者又对儒学进行了丰富,让儒学成为了中国乃至世界思想史上不朽的学术思想派别。

孔子的教育思想、政治思想以及经济思想等被他的弟子整理成了一部重要的典籍《论语》,这部书通过记录孔子及其弟子的言行,集中体现了孔子的思想。

(二)贵耳贱目　重造轻近

【经典原貌】

世人多蔽,贵耳贱目,重造轻近。少长周旋,如有贤哲,每相狎侮,不加礼敬;他乡异县,微借风声,延颈企踵,甚於饥渴。校其长短,核其精粗,或彼不能如此矣,所以鲁人谓孔子为东家丘。昔虞国宫之奇少长於君,君狎之,不纳其谏,以至亡国,不可不留心也!

【注析品读】

　　世上的人往往对事情的分辨不够明晰透彻，常常会轻易地相信传闻，对亲眼所见的事情却难以相信，往往舍近求远，从小一起长大的人成了贤达之人，就会轻慢侮弄，缺乏应有的礼貌和尊重，身处在他乡异县的贤人，却能让人们对他翘首企盼。其实比较他们的长短，审察他们的精粗，很可能远处的人还不如身边的人更加优秀，这正是孔子被人称为"东家丘"的缘由。从前虞国的宫之奇自幼在虞国国君身边长大，虞国的国君就对他很随便，不采纳他的劝谏，就因为这样，导致国家灭亡，真不能不留心啊！

　　阅读《颜氏家训》的这段话，我们从中可以悟出这样一个道理：人们往往因为习以为常，往往因为嫉妒心而对身边十分贤能的人视而不见，甚至诋毁其才华。对于那些"道听途说"的贤者，却追慕不已。这种舍近求远的思想是错误的，是不可取的。

　　舍近求远，是不切实际的做法。"满招损，谦受益"，脚踏实地、谦虚谨慎，是求学的良好态度。嫉贤妒能只能让自己停滞不前，虚心求教才会使人不断进步。每一个人都有自己的亮点，只要虚心观察，每个人都可以是自己的老师。我们要注意身边人的长处，取长补短，才能使自己不断提升。

【知识链接】

　　其实对于"舍近求远"的"慕贤"思想，早于颜之推的圣人孔子就已经给了我们很好的提示。孔子教会我们如何追慕贤良，如何完善自我，如何身修。他的这句耳熟能详的名言是这样说的："三人行，必有我师焉，择其善者而从之，其不善者而改之。"（《论语·学而第一》）

阅读颜之推的这段文字，给我们另外一个启示是，一个人的贤良要亲眼所见，亲身经历才能够判断，才能够相信，否则倾慕"道听途说"而来的圣贤，而对身边比自己才华更出众的人不予效仿，那就太愚蠢了。关于不可轻信"道听途说"，宋代著名的文学家苏轼在他著名的游记散文《石钟山记》中作了精辟的论述。在这篇

文章中，"事不目见耳闻，而臆断其有无，可乎？"成为千古名句。其实，不仅对于事物要这样，对于"贤人"我们也要如此。不读《论语》就凭他人对孔子的评价而相信孔子就是圣人，这样的做法就是"迷信"。我们套用苏轼的句子可以这样说："圣人不目见耳闻而臆断其贤能，盲目追慕，可乎？"为了更好地了解苏轼的《石钟山记》一文，我们将原文摘抄在这里：

亲情家训

"《水经》云：'彭蠡之口有石钟山焉。'郦元以为'下临深潭，微风鼓浪，水石相搏，声如洪钟'。"是说也，人常疑之。今以钟磬置水中，虽大风浪不能鸣也，而况石乎！至唐李渤始访其遗踪，得双石于潭上，扣而聆之，南声函胡，北音清越，桴止响腾，余韵徐歇。自以为得之矣。然是说也，余尤疑之。石之铿然有声者，所在皆是也，而此独以钟名，何哉？

　　元丰七年六月丁丑，余自齐安舟行适临汝，而长子迈将赴饶之德兴尉，送之至湖口，因得观所谓石钟者。寺僧使小童持斧，于乱石间择其一二扣之，硿硿焉。余固笑而不信也。至莫夜月明，独与迈乘小舟，至绝壁下。大石侧立千尺，如猛兽奇鬼，森然欲搏人；而山上栖鹘，闻人声亦惊起，磔磔云霄间；又有若老人咳且笑于山谷中者，或曰此鹳鹤也。余方心动欲还，而大声发于水上，噌吰如钟鼓不绝。舟人大恐。徐而察之，则山下皆石穴罅，不知其浅深，微波入焉，涵淡澎湃而为此也。舟回至两山间，将入港口，有大石当中流，可坐百人，空中而多窍，与风水相吞吐，有窾坎镗鞳之声，与向之噌吰者相应，如乐作焉。因笑谓迈曰："汝识之乎？噌吰者，周景王之无射也；窾坎镗鞳者，魏庄子之歌钟也。古之人不余欺也！"

　　事不目见耳闻，而臆断其有无，可乎？郦元之所见闻，殆与余同，而言之不详；士大夫终不肯以小舟夜泊绝壁之下，故莫能知；而渔工水师虽知而不能言。此世所以不传也。而陋者乃以斧斤考击而求之，自以为得其实。余是以记之，盖叹郦元之简，而笑李渤之陋也。

　　(三)用言弃身　古人所耻

【经典原貌】

　　用其言，弃其身，古人所耻。凡有一言一行，取于人者，皆显称之，不可窃人之美，以为己力；虽轻虽贱者，必归功焉。窃人之财，刑辟之所处；窃人之美，鬼神之所责。

【注析品读】

采用了一个人的言论却嫌弃这个人本身,这种行为被古人认为是可耻的。只要是一句话,一个举措,是从他人那里得来的,都应该注明原创者并给予赞扬,不能窃取他人劳动果实,把其当成自己的功劳;即使是地位十分卑下的人,也一定要肯定他的功劳。偷盗他人的钱物,会得到法律相应的制裁;盗取别人的功劳业绩,就会遭到神鬼的谴责。

这段话告诉我们,不可以盗取别人的劳动果实,包括言论思想。作为谦谦君子不可以做那些"欺世盗名"的勾当。

【知识链接】

南北朝时期有一个名字叫丁觇的人,他是洪亭人氏。由于丁觇的文笔十分出众,文章写得非常精彩,思想深刻、才情并茂。他的书法尤其出色,擅长书写隶书和草书。因此梁孝元帝在荆州的时候,孝元帝委任丁觇为文书抄写。

尽管丁觇为孝元帝服务,但是他的地位是十分卑微的。其实,在当时,文书抄写这样的官职是一个地位低下的职位,所以官府中很多官位比较高的人都看不起丁觇这个人。

其实,大家都知道丁觇这个人的书法超群,文采出众,但是就因为他官职低微而不屑于向他学习,甚至很多大官不允许他们的子弟去临摹丁觇的书法,学习他的文采。

当时有这样的话流传于世:"丁觇写上十张纸,也比不上王褒几个字。"其实丁觇在书法艺术和文学素养上的成就并不比王褒差多少。他们的水平

在伯仲之间,但世人给予他们的评价却迥然不同。

有一天,孝元帝派遣掌管文书的小官带着丁觇抄写的元帝文章、诗赋给担任祭酒官职的萧子云看。萧子云看罢书信十分疑惑地问:"君王传来的书信,出自何人手笔,书法如此精美绝伦,真是罕有的佳作。为何书法造诣如此高超的人,却一点名声都没有呢?"送信的官员说:"这是元帝身边的文书丁觇抄写的。"萧子云听了,感慨万分地说道:"当今世上,没有几个后生能够有如此精湛的书法,但他竟然不被人所知,真是件奇怪的事啊!"

祭酒是古代国子监或者太学的行政长官,是权位很高的官职。萧子云担任此职,说明他的身份地位很高。但他并不像其他高级官吏那样知道丁觇贤良而因其地位低微而鄙视他,反而不断地宣传丁觇的才能。后来,因为萧子云的夸赞,使很多人改变了对丁觇的态度和评价。丁觇渐渐地被他人所看重,官职也不断上升,做到了尚书仪曹郎一职。后来丁觇担任了晋安王侍读,随着晋安王去了江陵。江陵陷落之时,丁觇所写的书信大部分遗失了,没过多久,丁觇也久别于人世。这时,世人才来称赞丁觇的书法为天下佳品,但求之已不可得了。

这则小故事同样源自《颜氏家训·风操第七》这一章节之中。这一章节前面是颜之推的观点和思想,后面是他所举的实例。这则小故事是他所举的例子中的一个。这个小故事告诉我们,应该像萧子云一样,遇到贤才,不仅仅要模仿他们身上的优点长处,同时还要宣传他们的技艺、德行。

七、勉学第八

　　这部分要与大家共同来阅读的是《颜氏家训》的第八部分"勉学"。

　　勉学，就是勉励学习。这个词在同学们的学习生活中已经司空见惯了，每天家长和老师都在督促你们好好学习，刻苦钻研，而这样的督促和告诫是不是空洞而无力的？颜之推在《颜氏家训》中不但有督促，还有理有据地进行了深刻的剖析和讲解。

　　通过不断地学习，提升我们在这个社会上生存的本领，是人类有史以来永恒的话题。颜之推针对南北朝时期，士族子弟游手好闲，不学无术的世风，特意写了此篇文字，以告诫警醒颜家子孙，不可像那些无知的士族子弟一样养尊处优。颜之推历经战争动乱，朝代更迭，对无一技之长没落的士族子弟穷困潦倒的生活深有感触。于是他知道靠祖上荫蔽而无知无能的人，一旦家道中落，其处境将何等不堪。于是，他鼓励颜氏子孙要不断勤学，才能有立世的根本。

　　颜之推勉励子孙勤学，不是死读书本。他的勤学核心思想是学习一技之长，不管是农民、商人、还是读书人都应该在自己熟悉的领域有一定的建树和本事，让自己能够在最危难的时候可以用来维持生存。颜之推的不死读书本还表现在，他认为"死读书"是一件很可笑的事情。因为书本上的知识是用来指导实践的，

而不能认为死记硬背就是学习,就有意义。事实上,死记硬背只是学到了肤浅的表面现象和大而不当的空洞理论,并没有真正学会深层次的知识,这样的做法事实上是自欺欺人的,这是"死读书"的一种表现。颜之推在《颜氏家训》中讥讽那些读书"知其然,不知其所以然"的迂腐宿儒。他强调学以致用,对于空洞的理论,不能指导实践的知识深恶痛绝。颜之推所讲的学习知识是从实用性出发的,他不把眼睛拘泥在书本上教条的文化知识上,他痛恨酸腐的文人,盯着书本研习空洞理论的空疏学风。他认为一切能够指导实践可以获得一技之长的知识才是真正的知识,应当勤勉学之。

(一)勤学苦练 立世之本

【经典原貌】

自古明王圣帝,犹须勤学,况凡庶乎!此事遍于经史,吾亦不能郑重,聊举近世切要,以启寤汝耳。士大夫之弟,数岁已上,莫不被教,多者或至《礼》、《传》,少者不失《诗》、《论》。及至冠婚,体性梢定,因此天机,倍须训诱。有志向者,遂能磨砺,以就素业;无履立者,自兹堕慢,便为凡人。

人生在世,会当有业,农民则计量耕稼,商贾别讨论货贿,工巧则致精器用,伎艺则沉思法术,武夫则惯习弓马,文士则讲议经书。多见士大夫耻涉农商,羞务工伎,射则不能穿札,笔则才记姓名,饱食醉酒,忽忽无事,以此销日,以此终年。或因家世馀绪,得一阶半级,便自为足,全忘修学,及有吉凶大事,议论得失,蒙然张口,如坐云雾,公私宴集,谈古赋诗,塞默低头,欠伸而已。有识旁观,代其入地。何惜数年勤学,长受一生愧辱哉!

【注析品读】

从古至今圣贤的君王，尚且需要勤奋学习，更何况是普通百姓呢！这样的事情经籍、史书到处都有记载，我也不能一一列举，只举近代十分重要的，来给你们一些启发。士大夫的子弟，刚满几岁以后，没有不接受教育的，学得多的已经读到《礼记》、《左传》了，学得少的也至少读了《毛诗》和《论语》。他们到了成年，体质性情逐渐定型了，凭着这个最佳的时机，应该对他们加倍教训诱导才是。那些有志向的人，就能够承受艰苦的磨炼，成就一番事业；那些没有志向的人，自此自甘堕落慵懒、无所事事，最终成为了庸碌的人。

人生活在世间，就应该有所专业，如果是一个农民就应该计算耕稼，如果是一个商人就应该商讨买卖生意；如果是一个工匠就应该研究制造各种精美的器物；如果是一个技艺之人就应该研究各种技艺；如果是一名武士就应该苦练骑马射箭；如果是一个文人就应该学习儒家经典书籍。常常看到一些士大夫对于农业和商业耻于涉足，又没有一点手工技艺，让他们拉弓射箭他们射出去的箭连一层铠甲都射不穿，手握起笔只会写自己的姓名而已，整日里只知道享受美酒佳肴，无所事事，就这样来虚度时光，直到走完一生。有的凭借祖上的功劳，获得一官半职，就沾沾自喜自满不已，把学习之事忘得一干二净。遇到婚丧吉凶之事，议论起得失来，就张口结舌，茫然不知所措，好像掉进云雾之中一般。参加各种公家或私人集会的时候，众人谈古论今，他只能低头不语、沉默不言，只能在一旁哈欠连天。有见识的人看到如此情景，都替他们害臊脸红。这些士人为什么就不愿意勤学苦读，

亲情家训

以致终生成为笑柄,惭愧受辱呢!

《颜氏家训》中这段话主要结合了南北朝时期士族对于学习的态度和生活写真,来向他的子孙后人警示学习的重要意义。

【知识链接】

我们阅读了《颜氏家训》的这段文字之后,首先我们看到的是古代人读书治学从哪些经典开始。颜之推说士族子弟从很小的时候开始学习《论语》《毛诗》《礼记》《左传》等,这些都是儒学的经典书籍,我们来看看荀子如何论述:

学恶乎始?恶乎终?曰:其数则始乎诵经,终乎读礼;其义则始乎为士,终乎为圣人。真积力久则入。学至乎没而后止也。故学数有终,若其义则不可须臾舍也。为之人也,舍之禽兽也。故书者、政事之纪也;诗者、中声之所止也;礼者、法之大分,类之纲纪也。故学至乎礼而止矣。夫是之谓道德之极。礼之敬文也,乐之中和也,诗书之博也,春秋之微也,在天地之间者毕矣。

——《荀子·劝学》

荀子这段话的大概意思是:

学习从什么地方开始?到什么地方终结?答案是:从学习的科目上来说,应该是从学习《书》《诗》等经典开始,到将《礼》学完为止;从学习的意义方面讲,应该从做一个读书人开始,一直到成为圣人为止。全心全意去积累,坚持不懈地努力,就能走进知识的大门,不断学习到老死然后才停下来。因此就学习的科目而言,是有穷尽的时候的;然而从学习的意义上去看,学习是一刻都不能放下的事情。用心去学习,才能够成为人;舍弃学习,就和禽兽一样了。《尚书》,记载的是政事;《诗》,记载的是音韵和谐的文章;《礼》,记载的是人们行动做事的规范要领纲领准则。所以说学完《礼》就没有可学的科目了,掌握了《礼》就达到了道德的最高点,所有一切道理全部都能够在这些典籍里找到。

玉不琢,不成器;人不学,不知道。

——出自于《三字经》

积财千万,不如薄伎在身。

——古代谚语

(二)读书学问 开心明目

【经典原貌】

夫所以读书学问,本欲开心明目,利於行耳。未知养亲者,欲其观古人之先意承颜,怡声下气,不惮劬劳,以致甘腝,惕然惭惧,起而行之也。未知事君者,欲其观古人之守职无侵,见危授命,不忘诚谏,以利社稷,恻然自念,思欲效之也。素骄奢者,欲其观古人之恭俭节用,卑以自牧,礼为教本,敬老身基,瞿然自失,敛容抑志也。素鄙吝者,欲其观古人之贵义轻财,少私寡欲,忌盈恶满,周穷恤匮,赧然悔耻,积而能散也。素暴悍者,欲其观古人之小黜己,齿弊舌存,含垢藏疾,尊贤容众,苶然沮丧,若不胜衣也。素怯懦者,欲其观古人之达生委命,强毅正直,立言必信,求福不回,勃然奋厉,不可恐慑也。历兹以往,百行皆然,纵不能淳,去泰去甚,学之所知,施无不达。

世人读书者,但能言之,不能行之,忠孝无闻,仁义不足,加以断一条讼,不必得其理,宰千户县,不必理其民,问其造屋,不必知楣横而悦竖也,问其为田,不必知稷早而黍迟也,吟啸谈谑,讽咏辞赋,事既优闲,材增迂诞,军国经纶,略无施用,故为武人俗吏所共嗤诋,良由是乎?

【注析品读】

读书做学问,其本意是开阔心胸,增加远见,以便更好地做事。不懂得赡养父母的人,能够让他从古训里谙知父母养育儿女的不易,能够从父母的脸色上领会到他们的心意,与父母说话声音和气,孝敬父母不怕劳苦,伺候父母尽心尽力,知道将柔软甜美的食物送到父母的口中,父母吩咐的事情,都会马上去照办,而且认真谨慎。

不懂得服侍君主的人,让他看到古人是怎样坚守自己的职位尽职尽责,并且不会超越权限。当危难来临,不惜生命保护其左右;凡是有利于国家的建议和意见,时时不忘记进谏给君主,这些都是应该效仿的。

向来比较骄横奢侈的人,让他看到古人的勤俭节约,谦卑养德,礼为教本,敬为身基,于是发现自己的缺点和错误,并能够自省,收敛自己的性格,抑制住自己的秉性。

向来比较鄙吝的人,要他看到古人的重义轻财,少一些自私自利,少

一些私情寡欲，忌盈恶满。让他们知道怎样周济贫苦的百姓，于是使他们心生羞愧，从而能够把积累起来的财富散去以帮助穷困的人。

性格比较强暴凶悍的人，应该让他们看到古人是怎样自谦、自敬和自我约束的，让他们懂得牙齿坚硬但会脱落，舌头柔软但至死尚存的道理；宽以待人，尊重贤良广纳百姓，从而消除嚣张跋扈的气焰，显出谦卑恭敬的样子来。

向来比较怯懦的人，要让他们看到古人是怎样鞠躬尽瘁死而后已，怎样坚持正义，直言不讳，讲求信用，正义的事情义无反顾坚持原则不畏惧强权的淫威。如此举例下去，举不胜举，各个方面的品行都能够培养出来，即便不能够完全地使得风气纯正，但是至少能够去除那些非常严重的缺点错误。在学习过程中积累的知识，在哪个方面都能够得到应用。

一般的读书人，常常是书中的道理说得到，做不到。忠君孝顺都做不到，仁义也欠缺；他们审判一个官司，未必可以弄明白前因后果；管理一千户的县城，未必亲自管理过百姓；要是问这样的人如何建造房屋，他们未必知道楣和兑应该横着放还是竖着放；要是问这样的人如何种田，他们未必知道谷子先下种而黄米后下种；清谈诗词歌赋、弹琴清唱，这些事情做起来悠闲自在，这些人整天只知道做这些愚蠢荒诞的事情，这些事情对于国家发展、治理军队没有丝毫意义。所以他们会被那些武官讥笑，原因就是这样的吧。

中华国学阅读

【知识链接】

君子之学也，入乎耳，著乎心，布乎四体，形乎动静。端而言，软而动，一可以为法则。小人之学也，入乎耳，出乎口。口耳之间，则四寸耳。曷足以美七尺之躯哉！

——《荀子·劝学》

《荀子》中的这段话大概意思如下：

君子这样学习，听到有益的东西，就记在心里，应用到行动当中，表现在行为之上；所以他简单地说一句话，稍微有一点行动，都可以成为别人学习的楷模。而小人这样学习，听到有益的东西，然后就从嘴里说出来了。从嘴到耳朵只不过四寸的距离，(只是就完全消耗掉了)怎么能够靠它来完美七尺长的身躯呢？

(三)幼学稳固　晚学不废

【经典原貌】

人生小幼，精神专利，长成已后，思虑散逸，固须早教，勿失机也。吾七岁时，诵《灵光殿赋》，至於今日，十年一理，犹不遗忘。二十以外，所诵经书，一月废置，便至荒芜矣。然人有坎壈，失于盛年，犹当晚学，不可自弃。孔子曰："五十以学《易》，可以无大过矣。"魏武、袁遗，老而弥笃；此皆少学而至老不倦也。曾子十七乃学，名闻天下；荀卿五十始来游学，犹为硕儒；公孙弘四十余方读《春秋》，以此遂登丞相；朱云亦四十始学《易》、《论语》，皇甫谧二十始受《孝经》、《论语》，皆终成大儒：此并早迷而晚寤也。世人婚冠未学，便称迟暮,因循面墙,亦为愚耳。幼而学者,如日出之光;老而学者,如秉独夜行,犹贤乎瞑目而无见者也。

【注析品读】

人幼年时期,注意力最容易集中,精力最为充沛。长到成人后,心思精力容易涣散,因此就应该尽量及早地施以教育,不能够错失良机。我七岁时,开始学习诵读《灵光殿赋》,我用十年的时间去温习《灵光殿赋》仍然保持不会忘记。我二十岁后,诵读的经书过了一个月,就变得十分生疏了。然而,有些人因为青春期最好的时光生活穷困潦倒而失去学习的机会,虽然过了最佳学习的时机,但是仍然要"晚学",绝不能够放弃学习的机会。孔子说:"五十岁的人,开始学习《易经》也能够没有大的过失。"曹操、袁遗在已经步入晚年仍然非常勤勉地学习;这些人是从幼年到老年始终学而不倦的典范。曾子十七岁才开始求学,后来名满天下;荀子五十岁才到四方游学,最后成为一代大儒;公孙弘过了四十岁才开始诵读《春秋》,凭借学习《春秋》登上了丞相的官位;朱云也是在四十岁的时候才接触《易经》、《论语》,从中探求知识,皇甫谧到了二十岁才开始学《孝经》《论语》,最后都有所成,成为有丰富学识的人;这些人都是早年未学而晚年顿悟学习并有所成就的典范。现在有些人在刚刚结了婚、刚刚弱冠便说学习已经晚了,这种自欺欺人保守自封的思想,就太愚蠢了。年少苦学就像清晨的骄阳,光芒驱散黑暗;年迈苦学就像黑夜的烛光,尽管光线微茫,但总好过什么也看不到。

亲情家训

在阅读这段话的时候,应该注意颜之推在这段话中叙述了两层意思:

第一,他提出,学习知识应该趁着年龄尚小,记忆力非常好的时候。颜之推的这一观点十分符合人的生理发展规律,尽管当时没有做过类似的科学实验,但是颜之推根据自己的经验总结出了这一规律。

第二,他认为,尽管一个人没有利用好自己一生中记忆力最好的时刻,没有在最好的学习阶段来学习,但是只要一心想学,什么时候开始学习都不晚。只要不放弃学习,不断地进行学习,最终都能够取得非常高的成就。在这一部分他使用的文字分量比第一点大得多,这也说明他更加重视的是不管学习知识从什么时候开始,都不能够放弃。在这一部分,他举了大量的例子来证明"晚学"并不晚,曾子、荀子、曹操、袁遗、公孙弘、朱云、皇甫谧等人都是"晚学"之士,但他们同样取得了非常高的成就。

【知识链接】

龟虽寿

曹操

神龟虽寿,犹有竟时。

腾蛇乘雾,终为土灰。

老骥伏枥,志在千里。

烈士暮年,壮心不已。

盈缩之期,不但在天。

养怡之福,可得永年。

幸甚至哉,歌以咏志。

曹操在写这首诗的时候，已经是五十三岁了。在古代五十几岁就已经进入了暮年，因为古人的平均寿命比较短。尽管曹操已经进入了暮年，我们可以从他的诗句中读到他依然意气风发，对生命热情洋溢。"老骥伏枥，志在千里。烈士暮年，壮心不已。"这句话成了千古名句，鼓舞着无数人尽管进入迟暮之年，依旧学习不止，奋斗不息。

我们从曹操的诗句中读到他的一种奋发向上的精神状态，充满着活力和斗志。魏武帝曹操就是秉持着这种精神风貌，不断地学习，不断地进取，在迟暮之年完成了一番伟业。

亲情家训

(四)学以致用　两全其美

【经典原貌】

学之兴废，随世轻重。汉时贤俊，皆以一经弘圣人之道，上明天时，下该人事，用此致卿相者多矣。末俗已来不复尔，空守章句，但诵师言，施之世务，殆无一可。故士大夫子弟，皆以博涉为贵，不肯专儒。

【注析品读】

学习之风的兴盛与衰减，与世人对它的关注度有关。大汉王朝的圣贤才俊，很多凭借一种"经术"而弘扬圣人的思想理论，通晓天文地理，明白人

情世故,因此获得卿士、丞相的官职。东晋末年以来清谈之风盛行,读书人只限于章句的学习和吟咏,只会复述背诵圣人的著作,不能够将这些理论与实际生活相结合。所以,士大夫的子弟,都认为博览群书知道的多为读书的真谛,不肯去钻研学说的使用价值,成为真正的儒者。

颜之推的这段话,深入浅出地议论了学以致用的道理。学习是为了实用,"咬文嚼字"在那些毫无意义的字眼之中,就会陷入"死读书、读死书"的困境之中。只会"读死书、死读书"的人便会像鲁迅的著名小说《孔乙己》里面的孔乙己一样,认为探究"回"字的四种写法就是学问,事实上,那只不过是文人的雕虫小技,根本不是真正的知识。

【知识链接】

"纸上谈兵"的故事

赵括自少时学兵法,言兵事,以天下莫能当。尝与其父奢言兵事,奢不能难,不谓善。括母问奢其故,奢曰:"兵,死地也,而括易言之。使赵不将括,即已;若必将之,破赵军者必括也!"

赵括既代廉颇,悉更约束,易置军吏。秦将白起闻之,纵奇兵,佯败走,而绝其粮道,分断其军为二,士卒离心。四十余日,军饿,赵括出锐卒自搏战,秦军射杀赵括。

括军败,数十万之众遂降秦,秦悉阬之。

——节选自《史记·廉颇蔺相如列传》

《史记·廉颇蔺相如列传》中记载的赵括"纸上谈兵"的这个故事,大意如下:

赵括很小的时候就开始学习兵法,谈及兵法兵书,当时没有人是他的对手。赵括曾经和他的父亲赵奢谈论兵法,他的父亲赵奢也没有办法难倒他,但是赵奢并不说他特别优秀。赵括的母亲问赵奢为什么他不赞赏赵括的兵法知识丰富,赵奢说:"带兵打仗,是生死攸关的事情,但是赵括却对待这样的事情十分轻率,谈论时态度一点也不严肃。如果赵国打仗不任命赵括为大将军就罢了,倘若一旦任命赵括为大将军,那么致使赵军溃败的人一定是赵括啊!"

赵括代替了廉颇为将军以后,把廉颇立下的军法全部更改了,十分轻率地更换、任命军官。秦国的将军白起听说了这件事以后,指挥骑兵,佯装溃败撤退,而将赵军的粮道截断,将赵军部队隔开成了两部分,这样一来使得赵军士卒都没有了作战的勇气和锐气。秦国白起的军队将赵括的部队围困了四十多天,赵军没有粮食补给十分饥饿,赵括亲自带领精兵与秦军战斗,秦军用箭将赵括射死了。

由此,赵括的军队大败,几十万的赵国军队投降了秦国,秦国全部将他们活埋了。

(五)学为增益　不可自大

【经典原貌】

夫学者所以求益耳。见人读数十卷书,便自高大,凌忽长者,轻慢同列;人疾之如雠敌,恶之如鸱枭。如此以学自损,不如无学也。

中华国学阅读

【注析品读】

大凡求学的人是为了能够增长见识,有所收获,提高自己。我曾经看到过有些人读了几十卷书以后,开始自高自大起来,言行举止对长辈无礼,轻蔑怠慢同辈;人们憎恨这种人就像憎恨敌人一样,厌恶这种人就像厌恶鸱枭一样。这样因为学习了一点知识而使品行更加低劣,还不如没有学习任何知识好些。

《颜氏家训》中,颜之推的这段话提出了一个非常值得我们注意的问题,"恃才傲物"是不正确的,有了一点点知识便骄傲自满、目中无人是品德低下的一种表现,这样做的人,反而不如没有知识但并不狂傲无忌的人。

学习知识是为了增长见识,为了丰富自我,为了提高个人的修为。学习知识是为了使言行举止更符合礼仪,更加谦逊;更懂得如何尊敬师长,如何孝敬父母;如何与同辈的人相处,而不是用来炫耀自己的学识渊博,不是为了与人攀比谁的知识多,谁的能量大。学习了很多知识,但是不了解学习的价值和意义,就会悖行于人间正道,这样因为学习而更加败坏了品德的人是被人唾弃的。

【知识链接】

"恃才傲物"典故的由来

"恃才傲物"这个成语来自于南北朝时期梁简文帝给萧子显的谥号。谥号是古代帝王死后,后人给予的评价,一般一个字或者两个字,三个字的也有但并不多见。后来谥法宽松了,很多名士大儒死后也给予谥号。

萧子显是南北朝时期梁朝人，知识非常渊博，博古通今，学富五车。他在梁朝担任过国子祭酒（也就是国子监的最高官员）、侍中、吏部尚书。萧子显因为自己的学问非常了得，就目中无人，十分自负。同朝为官的同僚们都对他意见非常大，都不愿意与他为伍。因为，他不管路上相遇，还是共同处理一件事情，他总是对同僚们不理不睬，甚至连招呼都不打，只是挥一挥手中的扇子，表示一下而已。

阅读《颜氏家训》

尽管他在朝中令大家十分厌恶，但是皇帝器重他的才华和能为，使他依然为高官。才华出众的萧子显因病早逝，去世的时候只有四十九岁。在下葬的时候，萧子显的家人向简文帝请求给予谥号。简文帝手诏曰："恃才傲物，宜谥曰'骄'。"

其实，简文帝十分器重萧子显，所以当时他所提的这"恃才傲物"四个字，还有一定的褒奖之意，夸奖萧子显学富五车。随着时间的推移，历史的更迭，这个成语流传至今。但成语的色彩发生了变化，变成了一个贬义词，词义为凭借自己的才学而狂妄自大、目中无人。

亲情家训

(六)读书真谛　求学为世

【经典原貌】

古之学者为己，以补不足也；今之学者为人，但能说之也。古之学者为人，行道以利世也；今之学者为己，修身以求进也。夫学者犹种树也，春玩其华，秋登其实；讲论文章，春华也，修身利行，秋实也。

【注析品读】

古代求学的人是为了增长自己的知识，以此来弥补自身的不足之处；今天求学的人是为了向他人炫耀自身的才华，只是用来与人炫耀自己懂得这些知识。古代求学的人是为了他人，宣传自己的主张来使社会安定发展；今天求学的人是为了自己，不断地积累知识以便能够走进仕途当官发财。大凡求学的过程就像种植树木一样，春天可以赏玩它的花朵，到了秋天就可以取食它的果实了；学习文章的过程就好像春天赏玩花朵一样，提高了自身的素养，行动时能够符合礼仪，就好像秋天取食了果实一样。

《颜氏家训》中的这段话，告诉人们学习的真谛是什么。颜之推一开头便用了古今的对比，来说明南北朝时期的求学者的价值取向是错误的。其实，至今为止，很多人对于学习的认识也是存在着很严重的问题。学习是为了提高自身的修养，然后使行为符合礼仪，使思想提高，为人民服务。而不是满足一种夸耀自我的虚荣心，更不是仅仅为了个人的飞黄腾达。

【知识链接】

周恩来"为中华之崛起而读书"

我们敬爱的周总理,在小的时候,读书非常刻苦。每一门功课都十分优秀。在他求学的年代,正是中华民族内忧外困的年代。周总理在很小的时候就树立了为祖国改变命运而奋发读书的理想。

1911年,当时周恩来还是一名学生,他就读于沈阳东关模范学校。一天,沈阳东关模范学校魏校长亲自为同学们上修身课。

这一节课魏校长讲的内容是"立命"。也就是学习的最终目的是为了做什么。魏校长讲得激情澎湃,当课堂气氛到达高潮的时候,魏校长提出了一个非常重要的问题。因为这个问题切实把他所讲的理论和每一位同学的实际联系在了一起。他对同学们说:"请问为什么读书?"

魏校长点名要几个同学回答他的这个问题,有的同学回答:"为光耀门楣而读书,就是为了光宗耀祖。"有的同学回答:"我是为我爸而读书的。"

他们的回答显然让魏校长十分失望,他不住地摇头。这时候,他把目光投向了一直在班里学习名列前茅的周恩来。其实,周恩来已经等候很久了,他也在为那些没有搞清楚学习目的和意义的同学感到惋惜。

魏校长向周恩来问道:"你是为什么而读书?"周恩来站了起来,铿锵有力地回答说:"为中华民族之崛起而读书。"全班同学响起了雷鸣般的掌声,魏校长激动得眼含热泪。因为他明白这才是国家的希望,这才是一个人修身立命的终点。

阅读《颜氏家训》

亲情家训

中华国学阅读

读书的目的是改变国家的命运，改变国人的生活。这是真正的读书人对于读书的理解，也应该是历代名人对读书的认识。《大学》中讲："大学之道，在明明地，在亲民，在止于至善。"这就是治学的最终目的，"止于至善"是每一个人都能够达到的理想境界。"明明德"是使人们的美德得以显明。这才是读书的真正目的。

八、文章第九

作为大学者、大学问家的颜之推,对于文章写作的理解是有着独到见解的。他在这部分文字中,将各种文体的发源做了一定的梳理和介绍。使他的子孙后人能够通过他的整理了解不同文体的历史,以致更加深刻地掌握不同文体的写作。在梳理不同文体的过程中,颜之推还特别将一些卓有成就的著名文人列入文中。对他们文章的长短优劣进行了评析,尽管颜之推的《颜氏家训》没有刘勰的《文心雕龙》那样篇章宏富,叙写详备,但是我们不难从中读到颜之推的独到见解。他认为文章源头始于"五经","五经"者《诗经》《尚书》《礼记》《易经》《春秋》,相传为孔子所编撰。颜之推认为所有的文章都是从这些经典开始的,他认为诏书、檄文、命、策都是出自于《尚书》的;诗词歌赋源自《诗经》;序、述、议论出于《易经》;书、奏、箴、铭源自《春秋》。

颜之推对于历代著名文人的评析还是十分苛刻的,他说:"屈原露才扬己,显暴君过;宋玉体貌容冶,见遇俳优;东方曼倩,滑稽不雅;司马长卿,窃赀无操王褒过章《僮约》;杨雄德败《美新》;……"还有"刘歆、班固、孔融、杨修、曹植、阮籍、嵇康、陆机等等。我们耳熟能详的古代著名文人学者,颜之推都一一指出了他们的不足之处。当然,他批评他们身上的缺点不代表这些著名文人学者一无是处,或者名不副实。他只是希望子孙把他们当成神仙一样看待,"人无完人,金无足赤。"正确对待名家大师的文章是非常重要的,这样才会找准方向,走上正确的为文之路。

对于写文章,他提出"当以理致为心肾,气调为筋骨,事义为皮肤,华丽为冠冕。"他认为好的文章一定要具备这些条件才行。从这几句话中,不难看出,颜之推认为文章的重点在于理致。什么是理致呢?简而言之就是中心思想。也就是说文章首要的是中心思想,中心思想是核心的核心,没有中心思想一味堆砌辞藻的文章,就是没有心、没有肾一样的人。这种行文正是南北朝时期的文风,华而不实,词汇美妙绝伦,仔细研读却发现缺乏思想。颜之推所以如此情调文章,一方面是指导子孙后辈如何阅读文章,了解典籍、认识名师大家;另一方面就是为了他们戒除、摒弃当时言而无文的华靡文风,真正书写出一些具有重要价值和意义的文章,希望他们的文章能够有中心,有思想,不过像那些腐朽的华美之词堆砌的文章一样,瞬间即逝。

书写作文是学生语文学习的综合水平的一个考量,书写作文或许会遇到非常多的困难和疑惑。那么同学们就跟着我们的步伐,去研习一下颜之推的文章精义,在阅读之余,也可学习一些做文章的技巧和常识。

(一)顿学累成　文章天成

【经典原貌】

学问有利钝,文章有巧拙。钝学累功,不妨精熟;拙文研思,终归蚩鄙。但成学士,自足为人;必乏天才,勿强操笔。吾见世人,至无才思,自谓清华,流布丑拙,亦以众矣,江南号为"许痴符"。

【注析品读】

做学问,有的人聪明伶俐有的人迟钝愚笨。写文章有的人写得条分缕析,有的人写得笨拙混沌。做学问迟钝愚笨的人只要肯下功夫积累,一样能达到精熟的水平;写文章笨拙混沌的人再如何费尽心机钻研思考,还是难以避免陋劣。只要成为有学问的人,就完全可以安身立命;如果确实缺乏写文章的才华资禀,就不要勉强拿着笔去写文章。我看到世间有很多人,根本就没有一点写文章的才思,却自命清高地觉得自己的文章写得华丽清新,还使自己书写的拙劣的文章流传于世,这样的人为数不少,这种人在江南地区被称之为"许痴符"。

《颜氏家训》中的这段话告诉我们,做学问尽管有的人聪明伶俐,有的人迟钝愚笨,但是只要努力去积累,不断地去学习就能够有所成就。做学问重在积累,而不完全取决于个人先天智商的高低,尽管驽钝之人接受起来会慢些,但是"锲而不舍,金石可镂"。

在这段文字中,颜之推还强调了书写文章需要灵性,缺乏灵性的人不应该从事做文章这样的行业。其实,在某种意义上讲,颜之推的这种想法是有些主观唯心的。

事实上,写文章也同做学问一样,只要肯下功夫,只要努力去学习,去尝试一样能够写出很好的文章来。但颜之推的观点也并不无道理,古人写文章讲求文气,讲求境界。文气和境界这东西和人的思想境界、感观体验有着非常重要的关系,有些人思想境界并不超乎寻常,遣词造句缺乏音韵和灵动,然而却非要去书写文章,结果写出来的东西让人难以入目。

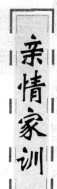

阅读《颜氏家训》

亲情家训

古人吟诗作对，并不是考察一个人是否会写诗、写词，而是考量诗词的神韵和境界。这些东西不是学习就能够得来的，是感知和心理机制有效配合的产物，说得简单一些，就是体味生活韵味，生活细节的能力和转化成优美词句的能力相结合的产物。"文章本天成，妙手偶得之。"说的就是这样的道理。

其实我们仔细推敲颜之推的意思，能够发现，他所讲的文章不可以强求，不是说一般人不能够写出条分缕析的文章。他的意思在说，如果自己没有成为作家的禀赋，就不要强求把精力都放在写文章上，尤其是那些没有自知之明的人更应该切记这样的问题。不要总抱着书写出流芳千古名篇的态度，去不断追逐浮云。

【知识链接】

剑南诗稿·文章

南宋·陆游

文章本天成，妙手偶得之。

粹然无瑕疵，岂复须人为。

君看古彝器，巧拙两无施。

汉最近先秦，固已殊淳漓。

胡部何为者，豪竹杂哀丝。

后夔不复作，千载谁与期？

（二）言之有物　言之有文

【经典原貌】

文章当以理致为心肾，气调为筋骨，事义为皮肤，华而为冠冕。今世相承，趋末弃本，率多浮艳，辞与理竞，辞胜而理伏；事与才争，事繁而才损，放逸者流宕而忘归，穿凿者补缀而不足。

【注析品读】

构成文章的要素有很多，其核心部分是表述道理致义，以气韵格调为行文的支撑点，引经据典以增加文章的深度，精美的语言又平平添了几许韵味。现在人们所推崇的文章，大有趋末弃本，语言浮艳的态势，辞藻和义理相比较而言，使用修饰的辞藻过多而将文中所蕴含的道理掩盖了，用典和才思相争的话，繁多的用典不免损害了才思，奔流的河水从出口处流淌过之后就不会在逆流返回，即使是将他们修补连在一起也还有不能抵达的地方。

【知识链接】

中国文学发展到南北朝时期，出现了一个很大的问题。那就是南北朝时期流行一种浮华奢靡的文体——骈体文。骈体文又称四六句，是一种极为重视对偶和音韵和谐的文体。这种文体最大

亲情家训

的优点就是辞藻华丽、音韵和谐,但是由于当时文人都过分追求这种音韵的和谐而放弃了文章"言之有物"的核心。于是这种优点在文人的文风扭曲之下变成了骈体文最大的缺点。

为了能让大家更好地了解骈体文的特点,在这里摘取了极具代表性的骈体文作品《与朱元思书》。

与朱元思书

南朝梁·吴均

风烟俱净,天山共色,从流飘荡,任意东西。自富阳至桐庐。一百许里,奇山异水,天下独绝。水皆缥碧,千丈见底;游鱼细石,直视无碍。急湍甚箭,猛浪若奔。夹嶂高山,皆生寒树,负势竞上,互相轩邈,争高直指,千百成峰。泉水激石,泠泠作响;好鸟相鸣,嘤嘤成韵。蝉则千转不穷,猿则百叫无绝。鸢飞唳天者,望峰息心;经纶世务者,窥谷忘返。横柯上蔽,在昼犹昏;疏条交映,有时见日。

这是一篇典型的骈体文,是南朝梁文学家吴均的代表作之一。因为其文辞清拔,格调隽永备受当世文人所推崇,仿效他这种"吴均体"的人特别多。吴均的这篇文章体现了他与世无争的一种人生态度,追求清净恬淡的生活状态,是当时骈体文中思想核心清晰的一篇作品,也是之所以流传至今的原因所在。

九、名实第十

在这一部分我们将共同阅读《颜氏家训》的第十部分"名实"。

扬名后世是几千年来人们所追求的理想人生。俗语说："人过留名,雁过留声。"名垂青史是中国人共有的人生观。

名扬四海的方式有很多种,或者遗臭万年,或者美誉天下;思想正常的没有人愿意选择遗臭万年的方式。那么想要名扬天下,一定要有真正的实力,要有超人的本领和高尚的道德。这些本事从哪里来呢?这些源自于我们的寒窗苦读,来自于"静以修身、俭以养德",来自于不断地自我约束、自我控制以及自我成长等。

颜之推是特别反对名不副实的,在魏晋南北朝时期,世风华靡,很多人名声响亮却其实难副。因此,颜之推认为,在这样的社会风气之下,告诫自己的子孙后人切莫做名不副实的人意义重大。颜之推极其鄙视那些名不副实且喜好自吹自擂的人,他希望子孙能够表里如一,不做"不修身而求令名于世"的人,讽刺他们为"犹貌甚恶而责妍影于镜"的人。颜之推强调沽名钓誉者,终究会为虚名所累,最后贻笑大方。

在学习文化、知识的同时,不断地提升道德修养,提升为人处世的能力。这些都是在为我们打造美誉全球、名扬天下的基础。阅读此篇,感悟颜之推的谆谆教诲,做一个名副其实的谦谦君子,做一个德照天下、万古流芳的人。

阅读《颜氏家训》

亲情家训

（一）名之与实　形之于影

【经典原貌】

名之与实,犹形之与影也。德艺周厚,则名必善焉;容色妹丽,则影必美焉。今不修身而求个名於世者,犹貌甚恶而责妍影於镜也。上士忘名,中士立名,下士窃名。忘名者,体道合德,享鬼神之福祐,非所以求名也;立名者,修身慎行,惧荣观之不显,非所以让名也;窃名者,厚貌深奸,於浮华之虚称,非所以得名也。

【注析品读】

名望与实际情况的关系,就好像形体与影子的关系一样。品德高尚才艺深厚的人,他的名望也一定是好的;容貌形体长得十分漂亮,那么他的镜中影像也必然十分优美。如今不去修身养德,却奢求获得世人的夸赞而名声大振的人,就好比那些相貌丑陋无比却要在镜子里看到美丽的容貌一样。最高层次的人忘记自己的名声,中等的人树立自己的名声,下等的人欺世盗名。忘记自己名声的人,行为举止合乎礼术道德,就能够得到保佑,他们不是依靠品德的高尚来求取好的名声;树立名声的人,依靠德行的高尚和修为来获取名声,他们一定不肯对于名声有所谦让;欺世盗名的人,他们往往貌似忠厚,但是内心深藏着奸诈,这样的人谋取的是虚张声势的名声,不可能获得真正的美名。

追求名声要与自己的实际相结合,拥有一个好名声的同时要具备相应周厚的德行和才艺,作者提倡追求名声要与品德才学相匹配,倡导真正名声是建立在高尚的品德和周厚的才艺基础上的,而对于名声不必刻意的追求。当我们具备了高尚的道德情操和深厚的才艺以后,那种忘却名声的境界其实才是最好的名声。如果只有名声,没有才学品德,那名声渐渐也会变得不好。

这其实和学习是一个道理,在考试成绩较好的同时,一定要注重真才实学,不要只在意自己的考分和名次,要记住真正掌握知识才是最重要的。

【知识链接】

有的人

现代作家·臧克家

有的人活着

他已经死了

有的人死了

他还活着

有的人

骑在人民头上:"呵,我多伟大!"

有的人

俯下身子给人民当牛马。

有的人

把名字刻入石头,想"不朽";

有的人

情愿作野草,等着地下的火烧。

有的人

阅读《颜氏家训》

亲情家训

他活着别人就不能活；

有的人

他活着为了多数人更好的活。

骑在人民头上的

人民把他摔垮；

给人民当牛马的

人民永远记住他！

把名字刻入石头的

名字比尸首烂得更早；

只要春风吹到的地方

到处是青青的野草。

他活着别人就不能活的人，

他的下场可以看到；

他活着为了多数人更好的活的人，

群众把他抬举得很高，很高。

这首诗是现代诗人臧克家纪念鲁迅先生的诗。诗歌内容铿锵有力，主要说了名与实的关系，如何能够永垂不朽，只有那些真正为人民服务的人，他们的名字才能永远刻在人们的心中。

(二)做人做事　留有余地

【经典原貌】

人足所履,不过数寸,然而咫尺之途,必颠蹶于崖岸,拱把之梁,每沉溺于川谷者,何哉?为其无余地故也。君子之立己,抑亦如之。至诚之言,人未能信,至洁之行,物或致疑,皆由言行声名,无余地也。吾每为人所毁,常以此自责。若能开方轨之路,广造之航,则仲由之言信,重于登坛之盟,赵熹之降城,贤于折冲之将矣。

【注析品读】

人的双脚只不过几寸那么大而已,然而却在一尺多宽路上的崖岸处跌倒,走在独木桥上,往往会掉进河水里,这是为什么呢?因为在这种地方两边都没有空余,君子立身处世也许和这有相似之处。最真诚的话,人们不一定能都相信,最高洁的行为除了自己之外会招致别人的怀疑,这些都是人的声望名誉没有余地的缘故。我每次被他人所诋毁的时候,都常常会因为这些而感到自责。如果在立身处世方面能够做到如同走在开阔的大道上、宽阔的桥梁上一样,那么所说的话就能够像仲由的言论一样,比诸侯凳坛会盟的誓言还要可信;那么所做的事情就和赵熹劝降一座城池一样,超过战场浴血将领。

"月满则亏,水满则溢。"当月亮最圆的时候,那么它也将渐渐变得不圆了,一直往杯子里倒水,当杯子里的水最满的时候,再往里倒水就会溢出来。也就是说当事物发展到一定程度时,如果再继续前进就会往相反的方向发展。"水至清则无鱼,人至察则无徒"说的就是这个道理。人们在为人处事的时候都要给自己留有余地,如果一味地自满自大就很危险了。做事不可以太绝对,这样反而不利于事情的发展,为人交友也不要太苛刻,这样很难找到真正的朋友。在自己原则范围内可以有一定的活动范围,这样做事才会安全顺利,也会交到很多朋友,赢得他们的信赖。

物极必反,所以我们在平时为人处事时,一定要留有余地,做事情不可以太苛求完美,要适可而止;对朋友也不可以太苛求,要懂得包容。

【知识链接】

赵熹降城

赵熹字伯阳,南阳宛人也。少有节操。更始即位,舞阴大姓李氏拥城不下,更始遣柱天将军李宝降之,不肯,云:"闻宛之赵氏有孤孙熹,信义著名,愿得降之。"更始乃征熹。熹年未二十,既引见,更始笑曰:"茧栗犊,岂能负重致远乎?"即除为郎中,行偏将军事,使诣舞阴,而李氏遂降。

——节选自《后汉书·赵熹传》

赵熹字伯阳,南阳宛人。赵熹年少的时候,很有节操,声名远播。汉朝更始帝即位时(王莽篡权后汉代第一个刘姓皇帝,在后来建立东汉的光武帝刘秀拥立下即位),在舞阴有一个军阀李氏占据城池不肯投降。更始帝派遣柱天将军李宝去招降李氏,李氏不肯投降,他说:"听说宛城的赵氏有一个孤孙叫做熹，这个人十分讲究信用，由此名扬天下，我愿意投降他。"于是更始帝就召见赵熹。当时，赵熹还不到二十岁，当人把赵熹引见到更始帝面前时，更始帝笑呵呵地说："刚刚长出犄角的小牛犊，怎么能够委以重任到远处去呢？"说完授予他郎中一职，行使偏将军的权力，派遣他到舞阴那里去，招降李氏，李氏见到赵熹果然投降于他。

仲由何人？

仲由是春秋末年鲁国人，孔子的得意门生之一。在《论语》一书中出现的子路就是仲由，子路是仲由的字。古人的名字一般都是由名、字、号组成，所以我们在阅读古籍的时候，常常会看到这样来介绍一个人的——王安石，字介甫，号半山——都是这样的格式。

仲由还有一个名字叫做季路，在《论语》中也有出现过。子路这个人十分好勇，且为人耿直，常常直言不讳，是孔子弟子中唯一一个敢批评孔子的人。他特别讲求诚信，遵从孝道。无论是孔子还是司马迁对他的评价都很高。孔子曰："子路好勇，闻过则喜。"还说："由也事亲，可谓生事尽力，死事尽思者也。"司马迁评价子路说："子路性鄙，好勇力，志伉直，冠雄鸡，佩暇豚。"

亲情家训

十、止足第十三

《颜氏家训》的第十三部分"止足"：

人的欲望是无止无休的,如果不加以控制,便会迷失心智,走上一条无休无止追求的道路。不知道满足,始终贪得无厌地去追逐,那么一个人就会失去本心、本性,最终的结果必将坠入无法回头的深渊。

颜之推对于这样的人生哲理是了然于心的,他希望他的子孙能够通过他的这部分文字也了解此道。他在这部分文字中强调,不能过分地追逐官位,更不能过分地追求财富;警醒后人要懂得控制自己的欲望。

青少年正是处在人生观、价值观不断变化日趋形成的时期,因此很多道理对于青少年而言弥足珍贵。错误的观念和道理就会使得青少年形成错误的价值观,走上错误的道路。欲望不可放纵不加控制,这是求得人生发展的一个重要道理,有时候,往往因为执着而忘记止足。

当一个人执着于敛财到了一定的程度之后, 便开始从内心腐朽起来,渐渐地就会为了金钱而鄙视正义,甚至不择手段。

(一)欲不可纵　志不可满

【经典原貌】

《礼》云:"欲不可纵,志不可满。"宇宙可臻其极,情性不知其穷,唯在少欲知止,为立涯限尔。先祖靖侯戒子侄曰:"汝家书生门户,世无富贵,自今仕宦不可过二千石,婚姻勿贪势家。"吾终身服膺,以为名言也。

【注析品读】

《礼记》上说:"不要放纵欲望,不要志得意满。"宇宙虽大终究还是可以到达边缘,而人的情性是没有尽头的,只有清心寡欲知道适可而止,给自己立个限度。先祖曾经教导训诫晚辈说:"你家是书香门第,世世代代没有出现过豪富显贵之人,从今往后做官的不可以超过二千石的俸禄,婚姻不可以贪图权势之家。"我始终都把这样的话记在心里行事服从它,认为这是名言。

《颜氏家训》中的这段话,告诉我们人的欲望是无穷无尽的,宇宙尽管如何浩渺也没有欲望那样"横无际涯"。控制欲望的最好办法就是知道并学会适可而止。

阅读《颜氏家训》

【知识链接】

贪婪是人类的一个本性,这种本性如果不加控制就会使一个人走上歧途。控制欲望适可而止是战胜贪婪的唯一法宝。下面我们共同来阅读几段有趣的故事,希望能够从中悟出一些道理。

亲情家训

苍蝇与蜜

有一间储存蜂蜜的房子,房子中的木柜里摆满了装蜂蜜的瓶子。不知道什么原因一个瓶子漏了一个洞,蜂蜜从里面源源不断地流了出

来。嗅觉十分灵敏的苍蝇嗡嗡地成群飞去饱餐起来。

他们落在木板上开始吮吸起蜂蜜来,蜂蜜实在是甜美可口它们吃得十分起劲,都渐渐地忘记了流出来的蜂蜜正在不断地蔓延。本来它们已经吸吮饱腹,但是迟迟不舍离去,蜂蜜蔓延到了它们的脚下,它们的脚被死死地黏在了木板上。当它们想要飞走的时候,发现已经无法将脚从蜂蜜中拔出来了。贪婪夺走了它们的生命,在挣扎中他们嗡嗡地乱叫:"我们太不幸了,为了一时的享受和满足感而丧失了性命。"

叼着骨头的狗

有一只狗,得到了一块骨头兴高采烈地来到河边,准备过河。这时它突然发现河里面也有一只叼着骨头的狗,而且那只狗叼的骨头似乎还比自己嘴里的大。于是,它就起了贪心,他想把那只骨头也抢夺过来。

这只狗便冲向河里,张开嘴巴准备去撕咬水中的那只狗。当它张开嘴巴落入河里的瞬间,嘴里的骨头掉落到了河里,河水激起了波纹,里面的那只狗连同骨头都不见了。原来水中的那只狗也是它自己,只不过是水中的倒影罢了。这只狗没有得到水中的骨头,反而丢失了口中的骨头,懊丧不已,但已经没有后悔药可吃了。

寡妇与母鸡

从前,有一个寡妇十分贪心,她养了一只很爱下蛋的母鸡。母鸡很能下蛋,每天都会为寡妇生一枚鸡蛋。尽管如此,寡妇依然并不满足。她想,如果这只母鸡每天能够下两个蛋那该多好啊!于是,她便每天增加了一半的大麦来喂养母鸡。

过了一段时间,母鸡被她养得十分肥胖,但是,鸡蛋却一个也生不出来了。寡妇的贪婪,使鸡变得肥胖,就连一天生产一枚鸡蛋的能力都没有了。贪婪往往使人走向更困窘的境地。

(二)谦虚冲损　可以免害

【经典原貌】

天地鬼神之道,皆恶满盈,谦虚冲损,可以免害。人生衣趣以覆寒露,食趣以塞饥乏耳。形骸之内,尚不得奢靡,己身之外,而欲穷骄泰邪?周穆王、秦始皇、汉武帝富有四海,贵为天子,不知纪极,犹自败累,况士庶乎?常以二十口家,奴婢盛多不可出二十人,良田十顷,堂室才蔽风雨,车马仅代杖策,蓄财数万,以拟吉凶急速。不啻此者,以义散之;不至此者,如非道求之。

【注析品读】

天地鬼神之道,都厌恶满盈,谦虚能够填补亏损,可以免害。在生活中,穿衣服的目的是为了使身体避免寒冷,吃东西的目的是为了使肚子避免饥饿,仅此而已。自己的身体上,尚且没有奢侈浪费的必要,那么身体以外的东西,还需要十分骄傲放肆吗?周穆王、秦始皇、汉武帝贵为天子,掌控天下,尚且不懂得适可而止,还因为自己的这种错误行为而自食其果,何况普通的老百姓呢?我始终认为拥有二十口人的家庭,奴婢的数量最多也不能够超过二十人,拥有肥沃的土地十顷,堂室仅仅能够遮挡风雨即可,车马仅仅用来代替扶杖即可。不断地积累钱财,留下几万钱财,用来做婚丧急用之需即可。如果已经远远地超出这个数目了,就要通过正当的渠道将钱财散

亲情家训

掉;尚且积蓄不过这个数目,也一定不能够用不正当的办法去获取。

《颜氏家训》中的这段话,主要讲述了两层意思,第一层意思是节俭,第二层意思是控制欲望。

【知识链接】

故事原文出自《聊斋志异》——雨钱:

滨州有一个秀才,一天,他正在屋里读书,忽然听到有敲门声,开门一看,是个白发老者,老者相貌古朴,有古人之风。秀才把老者请进屋子,问他姓氏,老者自称:"我姓胡,名养真,其实是狐仙,因为仰慕您的高雅,所以前来拜访,想和您成为好朋友,朝夕相处在一起。"

秀才生性豁达,心胸又非常开阔,所以听老者自我介绍是狐仙,也不以为然,便与他一起高谈阔论,讲古论今。老者的学识非常广博,健谈,文采风骚,言辞华丽,口吐莲花,话语中仿佛带着魔力一般,词语犹如绚丽斑斓的雕花图案,滔滔不绝的从老者嘴里说出,令人应接不暇。在讨论时,老者还能旁征博引,引经据典,把史书中的经典演绎得淋漓尽致,其见识之深远,令人叹服不已。秀才听得如痴如醉,深深地被老者的学识所征服,就留老者探讨了很久很久。

某一天,秀才偷偷的求老者,说:"您对我的友谊很深厚,但是您看一看现在的样子,贫穷成这样,只要您一抬手,金钱不是很轻松就到了我这里了吗,您为什么不接济我一下呢?"老者听了,沉默了很久,过了一会,却笑着说:"其实这是件非常容易的事,但是巧妇难为无米之炊,没有种子怎么能种庄稼,所以需要您拿十几个铜钱作为母钱才行。"秀才听了,马上找来十几个铜钱给老者。老者便和秀才进入一间密室，开始做法。只看那老者踏着碎步，口中念念有词，不大一会儿，就有成百上千枚铜钱在房梁之上叮当作响的往下落，就好似下了暴雨一样。

转眼间，铜钱就把秀才的腿淹没了，秀才刚拔出腿，就又被铜钱淹没了脚脖子。落下来的铜钱在一丈见方的屋子里堆积了约三四尺厚。这时，老者转头看向了狂喜的秀才："不知道这下满足了没有啊？"秀才高兴的连连点头："满足了。"老头挥一挥衣袖，钱雨就停止了下落。于是，他们就走出去，锁好了门。

秀才心想："这一下子，自己就变成了有钱人"，心里止不住地兴奋。过了一会儿，他去密室取钱用。哪知道门一开，里面空洞洞的，那满屋子钱都消失无踪了，唯有那母钱，孤零零的躺在地上，像是嘲笑秀才的贪婪。秀才很是失望，又认为是老者欺骗了自己，遂气愤的去找老者理论。老者也很生气的对秀才说："我本来和您做朋友是因为你的学问和高雅，做君子之友，可不是为了和你做那肮脏的窃贼，要是按照你的想法，我觉得你和梁上君子做朋友更合适，老夫实不敢苟同！"说完后，大袖一挥，失去了踪影。

阅读《颜氏家训》

亲情家训

第二章

解读《曾国藩家书、家训》

第一节《曾国藩家书、家训》的作者及成书背景

一、书写背景

《曾国藩家书、家训》是曾国藩的书信集，此书在清咸丰皇帝在位年间完成。所辑录的是曾国藩在道光 30 年到同治 10 年中长达 30 年写给兄弟、父母、儿子的近 1500 封书信。

书信中书写的内容十分广泛，上至治国方略、下到治家方法、治学之道、修身养性之法、为人处世之原则。因为是亲情书信，我们可以看到曾国藩对家人、父母、兄弟、儿女诚挚的爱，深刻的爱。曾国藩文笔精华，辞彩优美。我们从其书信的字里行间能够读到曾国藩深刻的思想意识。难怪毛泽东对其推崇备至，国学大师钱穆对其欣赏有加。由于《曾国藩家书》是书信集，内容都是他与家人的书信文字，因此，形式上看非常自由，没有清代八股的气息，更显得至真、至情、至性。

从《曾国藩家书、家训》中我们能够读到一个好儿子、好兄长、好父亲。这部书大部分内容是他书写给这些亲人的书信。在写给父母的信中，体现了曾国藩作为儿子的先贤和对父母的深沉的爱。阅读中可以体会学习到什么才是真正的孝顺，是孝子的典范。兄弟情义最重要的是什么？或许不是在经济上、物质上给予多少，而是使自己的兄弟懂得如何走上正确的人生之路；在这个意义上说，曾国藩作为长兄是挚爱着弟弟的典范，是真正值得钦佩的合格的兄长。孩子的路是他们自己走的，但中国有一句古训"养不教、父之过。"曾国藩的教育思想，教育方法，教育过程都体现在这部书中，翻开它我们不禁会感叹，他才是一位真正的"教育家。"

《曾国藩家书、家训》体现出来的是一代能文能武的名臣的成长历程，也是他影响着身边的每一个人的成长历程。

这部家书、家训是清代又一名臣所校勘，这个人就是李鸿章。他的兄弟李瀚章编撰了全部内文，值得我们去阅读欣赏。

亲情家训

二、作者简介

　　曾国藩，文能著书立说，武能带兵打仗。这个传奇的中国一代名臣出生自湖南省湘乡偏远山村的一个地主家庭，号涤生，谥文正，在家中排行老大。1811 年 11 月 26 日曾麟书夫妇迎来了他们第一个儿子——曾国藩，从此给整个曾家带来了翻天覆地的变化。在曾国藩的努力下，他的四个弟弟，一个姐姐三个妹妹都成了非常了不起的人物。

　　曾家家教非常严格，在《曾国藩家书、家训》中不难找到佐证。祖父在他们很小的时候就教育他们说："君子在下则排一方之难，在上则息万物之嚣"，"人以懦弱无刚为大耻，故男儿自立，必须有倔强之气"。曾国藩很小的时候就懂得不刻苦读书、不发奋图强就不能够建功立业的道理，因此 6 岁进入私塾开始读书非常勤奋，8 岁跟着父亲曾麟书学习"五经"。14 岁开始考童子试，22 岁考中了秀才，中了秀才以后，他更加发奋读书，多年的知识积累使他的学识增长很快。28 岁，仅仅六年的时间他就从秀才考为进士。能够考取进士恐怕是很多人一生的梦想，到最后也只是梦想。考中进士之后，朝廷授予他翰林院检讨一职。1846 年，35 岁的曾国藩成为文渊阁直学士，36 岁，仅一年的时间他再次升迁，担任内阁学士兼礼部侍郎。从曾国藩的履历上看，他一直官运亨通，且人生的路步步登高。在短短的 10 年时间里能够连升 10 级，并不是全部来自运气，更多的是来自于他刻苦地学习，渊博的知识和丰富的阅历。

第二节 《曾国藩家书、家训》重要章节阅读

一、鼓励儿子 修养身心

【经典原貌】

家中人来营者多尔举止大方,余为少慰。凡人多望子孙为大官,余不愿为大官,但愿为读书明理之君子。勤俭自持,习劳习苦,可以处乐,可以处约,此君子也。余服官二十年,不敢稍染官宦气习,饮食起居尚手寒素家风,极俭也可;略丰也可,太丰则吾不敢也。凡仕官之家,由俭入奢易,由奢返俭难。尔年尚幼,切不可贪爱奢华,不可惯习懒惰。无论大家小家,士农工商,勤苦俭约未有不兴,娇奢倦怠未有不败。而读书写字不可间断,早晨要早起,莫坠高、曾、祖、烤以来相传之家风。吾父、吾叔皆黎明即起。尔之所知也。

【注析品读】

我们从《曾国藩的家训》这段文字中能够读到很多信息。他对儿子的谆谆教诲是多方面多角度的。第一句外人对曾国藩儿子的夸奖是举止大方,曾国藩在书信中说这令他

很欣慰,这里面包含了鼓励和认可,当然是希望儿子能够继续保持这种彬彬有礼的态度。

然后,在书信中强调了读书的重要性,希望儿子能够成为读书明理的君子。紧接着他列出了君子的一般要求:勤俭、任劳任怨、可以处乐,可以处约。后面他用自己的实际生活情况来告诉儿子应该做到节俭,不可以奢侈。

在这篇书信中,曾国藩还强调了写字要坚持,不可间断,进而讲到曾家世代相传的家风——早期。

【知识链接】

古文字文化基本常识:

人称代词常用字。

在古文中第一人称代词有:"吾"、"我"、"予"、"余"、"朕"。

在古文中第二人称代词:"女(汝)"、"尔"、"若"、"而"、"乃"。

在古文中第三人称代词:"其"、"厥"、"之"、"伊"、"渠"。

这些人称代词是比较常见的,记住这些人称代词十分有必要。

二、做人之道 "敬"、"恕"二字

【经典原貌】

至于做人之道,圣贤千言万语,大抵不外敬、恕二字,"仲弓问仁"一章,言敬、恕最为亲切。自此以外,如立则见其参与前也,在与则见其倚于衡也。君子无众寡,无大小、无敢慢,斯为威言恕之最好下手者。孔言欲立立人,欲达达人;孟言行有不得,反求诸己。以仁存心,以礼存心,有终身之忧,无一朝之患。是皆言恕之最好下手者。尔心境明白,于恕字或易著功,敬字则宜勉强行之。此立德之基,不可不谨。

——节选自《曾国藩家训·咸丰八年七月二十一日,舟次樵舍下,去江西省城八十里,字谕纪泽儿》

【注析品读】

曾国藩认为做人的道理无外乎"敬"和"恕"两个字。其中"敬"字是对自己而言的,"恕"字是对他人而言的。"敬"字,是要自我修为,不断地提升自己的道德修养,知识能力,情操品格。这一切都做得非常好了,那么他人自然会产生敬畏之感。

"恕"以待人,是宽容身边一切的不好的声音。不管别人对自己的评价有多么不好,我们都要

亲情家训

用一种宽容的心态来面对。任何事情都不会空穴来风,人家给出较差的评价就一定说明问题的存在。我们应该注意自己的问题和缺点,而不是针锋相对地去指责他人的言论。

【知识链接】

　　子贡曰:"如有博施于民而能济众,何如?可谓仁乎?"子曰:"何事于仁,必也圣乎!尧舜其犹病诸!夫仁者,己欲立而立人,己欲达而达人。能近取譬,可谓仁之方也已。"

——出自于《论语·雍也第六》

三、读书明理　始于《大学》

【经典原貌】

　　盖人不读书则已，亦既自名曰读书人，则必从事于《大学》。《大学》之纲领有三，明德亲民止于至善，皆我分内事也。昔卖书不能体贴到身上去，谓此三项，与我身毫不相涉，则读书何用？虽使能文能诗，博雅自诩，亦只算识字之牧猪奴耳，岂不谓之明理有用之人也？朝廷以制艺取士，亦谓其能代圣贤立言，必能明圣贤之理，行圣贤之行，可以居官荘民，整躬率物也。若以明德新民为分外事，则虽能文能诗，而于修己治人之道？关茫然不讲，朝廷用此等人做官，与用牧猪奴做官，何以异哉？

【注析品读】

　　曾国藩认为，读书人一定要从《大学》开始读起，因为《大学》的纲领，其实也是读书人读书明理的过程目标和结果。"明德"然后"亲民"，然后"止于至善"。明德就是彰显圣贤的德行，亲民就是使百姓接近了解效仿圣贤的德行，至于"至善"就是实现百姓都有圣贤的思想行事，天下大同。读书人就应该以这样的过程来读书，以这样的目的来读书。实现读书的价值和目的。

　　曾国藩反问说："如果读书人并不把这三件事情放在心上，那么读书还有什么用处呢？"他后面的话更加严厉，他说："如果读书人就是为了能够吟诗作对，书写文章，那么只不过算是认识字的猪狗而已。哪里算得上是明白道理，为国家所用的人才？"朝廷通过科举考试来选拔人才，是希望那些学子们能够把圣人的言论发扬光大，希望学子们把圣贤的德行、处事的道理传播下来，做官来给百姓做榜样，率先垂范去为百姓做表率。后面的句子紧

接着上句和这句将朝廷任用只会写文章，做诗歌的人好比用了禽畜来做官。

　　曾国藩书写这段话的重心还是在教育儿子，读书要明白为什么读书，做官为什么做官。

【知识链接】

　　大学之道，在明德，在亲民，在止于至善。知止而后有定；定而后能静；静而后能安；安而后能虑；虑而后能得。物有本末，事有终始。知所先后，则近道矣。

——节选自《大学》

《大学》中这段话的白话文释义如下：

　　大学所讲述的道理，意在弘扬好的德行，使人弃旧图新，以使自身的修为达到完美的境界。了解了应该追寻的目标才能坚定自己的志向；志向坚定才能够泰然自若；泰然自若才能够心安理得；心安理得才能够思维周全；思维周全才能够有所收获。知道了事情有本有末有始有终的道理，理解了这个先后次序就接近事物发展的规律了。

四、五箴牢记　立身立命

【经典原貌】

1.立志箴

煌煌先哲,彼不犹人。藐焉小子,亦父母之身! 聪明福禄,予我者厚哉! 弃天而佚,是及凶灾。积悔累千,其终也已! 往者不可追,请从今始。荷道以躬,兴之以言! 一息尚存,永矢弗谖!

2.居敬箴

天地定位,二五胚胎。鼎焉作配,实曰三才。俨恪齐明,以凝女命。女之不庄,伐生戕性。谁人可慢? 何事可弛? 弛事者无成,慢人者反尔。纵彼不反,亦长吾骄。人则下女,天罚昭昭!

3.主静箴

齐宿日观,天鸡一鸣。万籁俱息,但闻钟声。后有毒蛇,前有猛虎,神定不慑,谁敢予侮? 岂伊避人? 日对三军。我虑则一,彼纷不纷。驰骛半生,曾不自主。今其老矣,殆扰扰以终古。

4.谨言箴

巧语悦人,自扰其身。闲言送日,亦搅女神。解人不夸,夸者不解。道听途说,智笑愚骇。骇者终明,谓女贾欺。笑者鄙女,虽矢犹疑。尤悔既丛,铭以自攻。铭而复蹈,嗟女既耄。

5.有恒箴

自吾识字,百历及兹,二十有八载,则无一知。曩者所忻,阅时而鄙。故者既抛,新者旋徙。德业之不常,是为物迁。尔之再食,曾未闻惑愆。泰泰之

增，久乃盈斗。天君司命，敢告马走。

【注析品读】

这五条箴言是《曾国藩家书、家训》中非常重要的内容之一，我们从曾国藩的笔调中就可以看出他的严肃认真，《曾国藩家书、家训》中大部分文字都是比较随和的文字，因为是家信就不用像做文章那样严肃，但是这五句箴言则不同，都是比较艰涩的古文，为了方便阅读，翻译如下：

立志箴

那千古伟岸的古代圣贤，其实他们不过也是父母所生的人，我虽然没有他们伟大，但同样是父母所生的人，同样是人，但他们给我的智慧和道理实在是太丰厚了。违背自然规律，去过安逸的生活，这样做一定会招来凶灾。积累起来的悔恨不计其数，该是终止的时候了，时光流逝无法挽回，那就从今天开始吧。肩负着世间的道义，并用语言来发扬，只要还有一口气在就要不断地努力去做事。

居敬箴

天地出现以后，世间万物开始生化发育。鼎足而居，这实际叫做天、地、人三才，这些都有了以后，最终才演化出了生命。如果人的内心不够端庄，那么就会使得生命受到破坏，性情遭受损伤。哪个人可以允许我们能够对他傲慢无礼，哪一件事情我们可以随便处理？处事不够谨慎的人最终会一事无成，恃才傲物的人，对待他人傲慢他人也会对你傲慢。然而，如果他人对你态度不改，那也会助长你骄傲的习气，人们最终会看不起你，这就是天理对你的惩罚。

主静箴

一天我住在一个道观中，早晨非常寂静，只听见鸡叫声。四周悄无声息，只听见道观中传来的钟声。不知何时毒蛇和猛虎将我至于其中，(这里的毒蛇和猛虎暗指心思邪恶的人)，这并没有什么可怕的，只要气定神闲稳如泰山，谁还敢欺辱我呢？难道指望他们能够自动躲避人吗？只因我所表现出的气势足够强大而已。内心没有杂念，不受外界事物的干扰，就不会动摇自己的本性。在我年轻的时候思想和意愿时常发生冲突，如今我已到了这个岁数，难道还要心绪烦乱的度过余生吗？

谨言箴

使用花言巧语来取悦于人，其结果只能使自身陷入灾祸之中。闲言碎语也会扰乱你的心神。能够理解其中道理的人不会自吹自擂，自吹自擂的人不能够理解其中的奥妙。道听途说而来的事情，只不过会让智慧的人听了哈哈一笑，让愚笨的人听了感到惊恐害怕，那惊恐害怕的人弄清楚是怎么回事之后，就会诘责你的欺骗。笑话你的那些人知道事情真相之后就会鄙视你，尽管你生性坦率天真，也会对你的一切产生怀疑。最终忧患悔恨堆积如山，才想到要铭记这些教训，下定决心一定要改正。但是铭记以后往往还会故伎重施，更何况你已经老了。

亲情家训

有恒箴

自从我开始学习识字，开始经历各种事情，到现在已有二十八年了，然而知识没有得到增添。曾经我所赞同的事情，经过一段时间的沉淀，就将旧的东西和腐朽的思想摒弃掉，然后增加新的思想观念等。自己长时间保持

拥有一致的德行，但还是常被外界的事物所左右，粮食一粒一粒地去积聚，时间久了，就能填满一斗。希望天君司命能告诉我其中的道理。

【知识链接】

盘古开天辟地的故事

天地混沌如鸡子。盘古生在其中。万八千岁。天地开辟。阳清为天。阴浊为地。盘古在其中。一日九变。神于天。圣于地。天日高一丈。地日厚一丈。盘古日长一丈。如此万八千岁。天数极高。地数极深。盘古极长。故天去地九万里。后乃有三皇。

首生盘古。垂死化身。气成风云。声为雷霆。左眼为日。右眼为月。四肢五体为四极五岳。血液为江河。筋脉为地里。肌肉为田土。发为星辰。皮肤为草木。齿骨为金石。精髓为珠玉。汗流为雨泽。身之诸虫。因风所感。化为黎甿。

——出自三国·徐整《三五历纪》《五运历年纪》

五、读书进德　读书修业

【经典原貌】

吾辈读书，只有两事，一者进德之事，讲求乎诚正修齐之道，以图无忝所生，一者修业之事，操习乎记诵词章之术，以图自卫其身。

进德之身，难于尽言，至于修业以卫身，吾请言之。卫身莫大如谋食，农工商劳力以求食者也，士劳心以求食者也。故或食禄于朝，教授于乡，或为传食之客，或为入幕之宾，皆须计其所业，足以得食而无愧。科名，食禄之阶也，亦须计吾所业，将来不至尸位素餐，而后得科名而无愧，食之得不得，究通由天作主，予夺由人做主，业之精不精，由我做主。

然吾未见业果精而终不得食者也，农果力耕，虽有饥馑，必有丰年；商果积货，虽有雍滞，必有通时；士果能精其业，安见其终不得科名哉？即终不得科名，又岂无他途可以求食者哉？然则特患业之不精耳。求业之精，别无他法，曰专而已矣。谚曰："艺多不养身，谓不专也。"吾掘井多而无泉可饮，不专之咎也！（道光二十二年十一月十六日）

【注析品读】

《曾国藩家书》中的这几段话讲的是读书应该注意两方面的问题。第一方面是读书要培养自己的德行操守，要按照古人圣贤的标准去仿效，使身修，身正，德才彰显。对于这一方面，曾国藩在这几段话中没有深入地讨论，他的重心放在修业上面。所谓修业，就是每天学习字词句章的过程，认真去读，去写，去理解。

解读《曾国藩家书、家训》

亲情家训

曾国藩在这几段话中,强调的是一定要业精于勤。他说只要能够勤奋地去操习,就能够更好地修业。做每天分内的事,就不会饿肚子。曾国藩说修业的目的是保护好自身,保护自身基本的问题就是谋食,也就是谋生。他说农民、工商人通过出力气来谋取食物;读书人通过耗费心思才干来谋求食物。他指出读书人的几个出路,并说这些职务是否能够获得在于主人,但是,已经获得了职务,能否凭借本事得到报酬就是修业的问题了。

能够把自己的业务做到精熟程度的人,怎么会得不到功名呢?所以只要不断地努力、进取以及完善自己的业务,谋生就不再是问题了。在修业的过程中,要懂得专一,要先把一个业务做好之后再去思考学习更多的才艺。曾国藩打了一个比喻,说不断地掘井,却没有水喝,是因为不能够一直专一地在一个地方挖掘。修业也是一样的道理,不断地去学习新的业务,开发新的事业,但不能够把一个事业做好,最终没有饭吃也是很正常的事情。

【知识链接】

陈康肃公善射,当世无双,公亦此自矜。尝射于家圃,有卖油翁释担而立,睨之,久而不去。见其发矢,十中八九,但微颔之。康肃问曰:"汝亦知射乎?吾射不亦精乎?"翁曰:"无他,但手熟尔!"

康肃忿然曰:"尔安敢轻吾射?"翁曰:"以我酌油知之。"乃取一葫芦置于地,以钱覆其口,徐以勺酌油沥之,自钱孔入而钱不湿。因曰:"我亦无他,惟手熟尔。"康肃笑而遣之。

——北宋·欧阳修《归田录·卖油翁》

欧阳修的这则小故事告诉我们，凡事只要勤学苦练，就能够熟能生巧。"业精于勤而荒于嬉"，只要不断地精进自己的业务，就能够把手中的事情做到精熟的程度。做事也好，读书也好，都应该秉承一种"业精于勤"的精神，只要这样，就能达到"熟能生巧"。

亲情家训

六、自满自足 不能有成

【经典原貌】

吾人为学,最要虚心,尝见朋友中有美材者,往往恃才傲物,动谓人不如己。见乡墨,则骂乡墨不通;见会墨,则骂会墨不通。既骂房官,又骂主考;朱入学者,则骂学院。平心而论,己之所以诗文,实亦无胜人之处;不特无胜人之处,而且有不堪对人之处。只为不肯反求诸己,便都见得人家不是。既骂考官,又骂同考而先得者。傲气既长,终不进功,所以潦倒一生而无寸进也。

余平生科名,极为顺遂,惟小考七次始售。然每次不进,未尝敢出一怨言,但深愧自己试场之诗文太丛而已。至今思之,如芒在背。当时之不敢怨言,诸弟问父亲,叔父,及朱尧阶便知。盖场屋之中,只有文丛而侥幸者,断无文佳而埋没者,此一定之理也。三房十四叔非不勤读,只为傲气太胜,自满自足,遂不能有所成。

【注析品读】

我们去做学问,虚心是最重要的事情,我过去见到朋友中有天资聪颖的人,往往恃才傲物,动辄就说别人不如自己。轻视乡墨所举行的考试,辱骂会墨的浅薄,认为没有什么可取之处。对房官出言不逊,又对主考不尊敬;还没有正式通过考试,就藐视了在此做学问的恶人。然而平心而论,他自己所作的诗文,也并无出彩过人之处;不只没有超过别人,甚至还有让人无法阅览的地方。只是因为不愿承认自己的短处,所以就去抓别人的缺点。既辱骂了考官,又对与他一同参加考试而得中的人。内心不断滋长的傲气让他意识不到自身的不足,长此以往,所探究的学问也就止步不前了,终其一生也不过是过着潦倒的生活而已。

　　我这一生科举考试仕途提升一直都十分顺利,只有在小考的时候出了一点状况,考了七次才得以考中。不过,不管如何不中,我都从来没有说过抱怨的话,只因为自己临场考试的时候所写的文章太过于低劣而觉得自惭不已。现在想想那些事情,我觉得自己的后背好想有芒刺在刺痛一样。当时我从不敢说半句怨言,这样的情景你们可以向父亲、叔父、朱尧阶去询问就知道了。原因是在科举考试中, 没有才华的人可能会因为侥幸而得中,但是,有才华的人没有因为文章书写得精彩绝妙而被埋没的,有了真才实学就不会埋没,这是真理呀。三房十四叔读书尚且勤奋,但是傲气太盛,自高自大,因此才没有学有所成。

【知识链接】

　　孔子观於鲁桓公之庙,有欹器焉。孔子问於守庙者曰:"此为何器?"守庙者曰:"此盖为宥坐之器。"孔子曰:"吾闻宥坐之器者,虚则欹,中则正,满则覆。"孔子顾谓弟子曰:"注水焉!"弟子挹水而注之,中而正,满而覆,虚而欹。孔子喟然而叹曰:"吁! 恶有满而不覆者哉!"子路曰:"敢问持满有道乎?"孔子曰:"聪明圣知,守之以愚;功被天下,守之以让;勇力抚世,守之以怯;富有四海,守之以谦。此所谓挹而损之之道也。"

　　　　　　　　　　　　　　　　——节选自《荀子·宥坐》

　　这是一个关于自满的故事,是孔子教育弟子们要学会谦虚进步的典故。为了便于理解原文的意思,我们把这个故事的白话释文附在下面:

亲情家训

　　孔子参观鲁桓公的庙，看到了一个器具倾斜。孔子对看守庙的人说："这是什么器具？"守庙的人告诉孔子："这大概是君主放在座位右边的一种用来警醒自己的器具。"孔子说："我听说君主放在座位右边的这种器皿，里面空空如也的时候就会倾斜，往里面倒入达到器皿一半刻度的水，它便直立起来了，但是当超过了器皿的承载量，它便会再次倾倒。"回过头来，孔子让他的学生往器皿里倒水。孔子的学生舀了水来灌，倒了一半水时器皿就端正了，当这个器皿装满了水后，它就一下子翻倒了，于是孔子的学生将里面的水全部倒掉，这个器皿就又倾斜了。孔子十分感慨地说："唉！哪里会有满了却不倾覆的呢？"子路说："请问有保持器皿在灌满水而不倒的方法吗？"孔子说："聪明睿智，就用愚笨的办法；功盖乾坤，就用退让的办法；勇武盖世，就用胆怯的办法；富有天下，就用谦恭的办法。这就是所说的不断装满又不断损耗的方法。

七、读书精要 泛读细品

【经典原貌】

读书之法，"看""读""写""作"四者，每日不可缺一。看者，如尔去年看史记汉书韩文近思录。今年看周易折中之类，是也。读者，如四书诗书易经左传诸经，昭明文选，李杜韩苏之诗，韩欧会王之文；非高声朗诵，则不能得其雄伟之概；非密咏恬吟，则不能探其深远之音。譬之富家居积：看书，则在外贸易，获利三倍者也；读书，则在家慎守，不轻花费者也。譬之兵家战争：看书，则攻城略地，开拓土字者也；读书，则深沟垒，得地能守者也。看书如子夏之"日知所亡"相近，读书与"无忘所能"相近，二者不可偏废。

——引自《曾文正公全集》

【注析品读】

读书的方法有四种，分别为：看、读、写、作，这四种方法缺一不可，而且每天都要坚持做。看指的是，像你去年那样泛读《史记》、《汉书》、韩愈的文章和《近思录》。今年泛读的《周易》折中这一类的书籍。"读"指的是细读《四书》、《诗经》、《尚书》、《易经》、《左传》等儒家的经典之作，《昭明文选》，李白、杜甫、韩愈、苏轼的诗作以及韩愈、欧阳修等文学大家的文章，如果不放声朗读，就没有办法体会到气息、气势上雄伟的气概；不反反复复地吟诵就不能探究到他们音韵上的魅力。用那些富裕家庭积累的粮食来打比方：泛读，就好比是在外面经商交易，可以获得比原来高出三倍的收益；细读，就好比是慎守家财，无论什么时候都不能轻易花掉为生的根本。拿战争来打比方：泛读，就是攻占城池占领土地；细读，就是深挖沟、高筑垒，夺取阵地

能守护。泛读与子夏的"日知所无"相近,细读则与"无忘所能"相近,两者要同时进行不可以放弃其中任何一种学习方式。

【知识链接】

不力行 但学文 长浮华 成何人 但力行 不学文 任己见 昧理真

读书法 有三到 心眼口 信皆要 方读此 勿慕彼 此未终 彼勿起

宽为限 紧用功 工夫到 滞塞通 心有疑 随札记 就人问 求确义

房室清 墙壁净 几案洁 笔砚正 墨磨偏 心不端 字不敬 心先病

列典籍 有定处 读看毕 还原处 虽有急 卷束齐 有缺坏 就补之

非圣书 屏勿视 敝聪明 坏心志 勿自暴 勿自弃 圣与贤 可驯致

——出自于《弟子规·余力学文》

关于学习方法,我国古代先贤们总结出了许多至理名言:

子曰:"学而时习之,不亦说乎? 有朋自远方来,不亦乐乎? 人不知而不愠,不亦君子乎?"

子曰:"学而不思则罔,思而不学则殆"。

——节选自《论语》

八、身居陋室　心存大志

【经典原貌】

　　且苟能发奋自立，则家塾可读书，既狂野之地，热闹之场，亦可读书，负薪牧豕，皆可读书；苟不能发奋自立，则家塾不宜读书，既清净之乡，神仙之境，皆不能读书，何必择地？何必择时？但自问立志之真不真耳！

　　　　　　　　——节选自《曾国藩家书·道光二十二年十月二十六日》

【注析品读】

　　如果能够发奋读书，自立于世，那么在家庭的私塾里也可以读书；处在荒郊野外、热闹之地当然也能够读书；即使是扛着柴草、放着牛羊，也是可以读书学习的。如果不能够真正地发奋读书，自立于世，就算是在家庭的私塾里也不能够用心去读书，即使是在环境清幽的地方，那怕是神仙居住的环境里，也不能够放下心来读书学习。能够真正地立下志向，发奋读书还会选择处所和时间吗？如果去拿这些做借口，不愿意放下心来读书，就应该扪心自问，自己是否真的有远大的志向，是否怀有实现远大志向的决心。

【知识链接】

陋室铭

唐·刘禹锡

　　山不在高，有仙则名。水不在深，有龙则灵。斯是陋室，惟吾德馨。苔痕上阶绿，草色入帘青。谈笑有鸿儒，往来无白丁。可以调素琴，阅金经。无丝竹之乱耳，无案牍之劳形。南阳诸葛庐，西蜀子云亭。

　　孔子云："何陋之有？"

九、为学做事　始终如一

【经典原貌】

余生平有三耻:学问各途,皆略涉其涯涘,独天文算学毫无所知,虽恒星五纬亦不认识,一耻也;每做一事,治一业,辄有始无终,二耻也;少时作字,不能临摹一家之体,遂致屡变而无所成,迟钝而不适用,近岁在军,因作字太钝,废阁殊多,三耻也。

——节选自《曾国藩家训·咸丰八年八月二十日,书于弋阳军中,字谕纪泽儿》

【注析品读】

我平生读书有三件事情觉得是耻辱的:学问分不同的科目,一定要有所掌握才行,对于其他的知识我掌握得都很丰富了,可是对于天文算数却一窍不通,就连天上的恒星,五纬都不认识,这是一件耻辱的事情;做一件事情,创造一项事业,不能够有始有终,常常半途而废,这是第二种耻辱;年少的时候学习书法,不能够坚持临摹一位书法家的字体,因为常常更换而没有写好任何一家的字体,所以写出来的字笨拙而不适用。现在在军营里带兵,因为写的字太过于潦草,而浪费了很多纸张,这是第三种耻辱。

我们从这段文字中可以总结出很多内容,至少也有两点启示。第一,做学问要一专多能,要广博地涉猎。第二,做事情要坚持到底,要有始有终,不可虎头蛇尾。比如,曾国藩说自己习字一事,由其陈述可以总结出以下两点:其一,练字不能坚持到底,始终如一,因此他没有练出一手好字,因为写的字潦草而浪费了很多纸张。其二,他没能始终如一地临摹一位书法家的字体，而是广泛地借鉴，想自成一家，结果，一位书法家的字都没有学会。因此他懊悔自己在这件事情上没能专一而坚持到底，致使在书法上没有任何建树。

【知识链接】

虎头蛇尾的故事

项籍少时，学书不成，去；学剑，又不成，项梁怒之。籍曰："书足以记名姓而已。剑一人敌，不足学，学万人敌。"于是项梁乃教籍兵法，籍大喜，略知其意，又不肯竟学。

——节选自《史记·项羽本纪》

项羽少年的时候，曾经学习读书识字，刚刚学了一点就不感兴趣了，于是就不学了；他又学习剑术，学了没有多久，他就又不学了。他的叔叔项梁见项羽如此不专一，做事虎头蛇尾就非常生气。项羽对他的叔叔说："读书写字，能够做到会写自己的姓名就可以了；学好了剑术，也只不过能一个人对敌，这东西不值得费心思去学习。我要学习能敌万人的本事。"于是项梁就教项羽兵法，项羽十分高兴，可是他刚了解了兵法的九牛一毛就又不肯继续学习了。

项羽做每一件事情总是虎头蛇尾，不能够专心致志地完成。心不专就不能够学到真正的知识。看来项羽最终没有实现他的理想抱负也与他虎头蛇尾、浅尝辄止的做事态度有关啊！

解读《曾国藩家书、家训》

亲情家训

十、两"三"两"八" 安身立命

【经典原貌】

吾教子弟不离八本、三致祥。八者曰:读古书以训诂为本,作诗文以声调为本,养亲以得欢心为本,养生以少恼怒为本,立身以不妄语为本,治家不晏起为本,居官以不要钱为本,行军以不扰民为本。三者曰:孝致祥,勤致祥,恕致祥。

吾父竹亭公之教人,则专重孝字。其少壮敬亲,暮年爱亲,出于至诚,故吾纂墓志,仅叙一事。吾祖星冈公之教人,则有八字、三不信。八者曰:考、宝、早、扫、书、蔬、鱼、猪。三者,曰僧巫,曰地仙,曰医药,皆不信也。

——节选自《曾国藩家训·咸丰十一年二月十四日·字谕纪泽、纪鸿儿》

【注析品读】

这是《曾国藩家训》中非常重要的两段话,是曾国藩写给纪泽、纪鸿两个儿子的。这也是《曾国藩家训》中核心内容的总结。主要写了两个"八"和两个"三"。

"八本":读书、作文、孝敬、养生、立身、治家、居官、行军。这是古人一生中比较重要的八个方面。以训诂学为核心的学问在明清两代十分盛行,认为训诂才是读书做学问的根本。曾国藩认为做诗、做文章音韵和谐才是根本。对于父母亲的孝敬和赡养,最基本的要做到使他们每一天都开开心心地度过。对于身心的保养,对于身体的自我养护,曾国藩认为最基本的是做到少生气、少发怒。修身立世的根本是不说谎话,诚实守信。曾国藩认为这是做人的根本，也是做事的根本。治家以勤奋早起为根本，当官不把金钱俸禄作为目标，要为百姓为国家做出贡献为根本。行军打仗最基本的要求是做到不惊扰、不骚扰黎民百姓。

"三祥"：孝敬父母长辈作为人生的根本，作为幸福的来源，作为所有吉祥之事的开端。勤奋作为人生美好的品质的源泉，是成功的开始，是创造美好一切的开始。宽恕是内心平和的开始，宽恕自己，宽恕他人，这样做就会胸怀坦荡，就可以获得一切祥和与美好。

在这封书信中，曾国藩还提到了他的父亲，也就是纪鸿、纪泽的爷爷，说他一生最重视孝敬老人，在墓志铭中只写了这一方面品德。曾国藩如此强调，也是在教导儿子孝敬是非常重要的。接着曾国藩将祖先留下来的"八字""三不信"说与儿子听，要他们牢记这些祖训。

"八字"：考、宝、早、扫、书、蔬、鱼、猪。考是诚修祭祀，是告诫儿子祭祀时要发自内心地去缅怀先人。宝是善待亲族四邻，告诫儿子要友善对待周围的每一个人。早是勤奋早起，以早来概括做事勤劳忌讳慵懒。扫是清扫整理房室庭院，这是古人修身养性的基础。书是读书识字，学习典籍，学习礼仪修养，一个书字概括了所有关于读书学习方面的事情。蔬是种植蔬菜，打理菜园。这是居家生活的一部分。现在即便是农村学子恐怕也不会种菜、打理菜园。曾国藩的家庭为官宦之家，有如此教训真是了不起啊！鱼是养鱼，养鱼是生活情趣和体味生活的活动。猪是养猪，这是生活技能的培养。八个字朴实无华，都是生活中最基本的要求，没有升官发财的铜臭味。

亲情家训

"三不信"：僧巫、地仙、医药。总结起来可以说，曾国藩教育儿子不要相信迷信，不要相信医药能够治病，治病不如无病，无病从哪里来，从每一天的锻炼中来，从修身养性上来。

【知识链接】

什么是训诂学？

把中国研究古书中词语含义的学科叫做训诂学。说得浅显一点，就是研究古籍中的词义，字义，通过这些研究去解释古籍记载的文字到底是什么意思。通过训诂学的研究，我们今天的人才能够读懂古籍的真正含义，才能够了解古代典籍记载的事件和道理。在中国传统语文学中，训诂学属于小学的一个分支。

训诂学在不断研究词义的同时，为了更好地阐释古籍文字的含义，就不得不涉及语法使用的问题以及修辞的基本常识。于是训诂学同时也包含了古代语法和修辞的一些内容。

训诂学是语言学的一个分支，是通过语言学的基本规律和常识来研究古代文献的一种学问。训诂学有广义训诂学和狭义训诂学之分。广义训诂学的研究内容广泛，其组成包括音韵学、文字学等学科。狭义训诂学的研究内容只是小学中与音韵、文字相对关的学科。

十一、古今大作　不拘定式

【经典原貌】

　　又问有一专长,是否须兼三者乃为合作。此则断断不能。韩无阴柔之美,欧无阳刚之美,况于他人而能兼之?凡言兼众长者,皆其一无所长者也。鸿儿言此表范围曲成,横竖相合,足见善于领会。至于纯熟文字,极力揣摩固属切实工夫,然少年文字,总贵气象峥嵘,东坡所谓蓬蓬勃勃,如斧上气。古文如贾谊《治安策》、贾山《至言》、太史公《报任安书》、韩退之《原道》、柳子厚《封建论》、速冻坡《上神宗书》、时文如黄陶庵、吕晚春、袁简斋、曹寅谷、墨卷如《墨选观止》、乡墨精锐》中所选两排三叠之文,皆有最盛之气势。尔当兼在气势上用功,无徒在揣摩上用功。大约偶句多,单句少,段落多,分股少,莫拘场屋之格式。短或三五百字,长或八九百字、千金子,皆无不可、虽系《四书》题,或用后世之史事或论目今之时务,亦无不可。总须将气势展得开,笔仗使得强,乃不至于束缚拘滞,愈紧愈呆。

　　　　　　　　　　——节选自《曾国藩家训·同治四年七月初三日·

字谕纪泽、纪鸿儿》

【注析品读】

　　这篇文章是曾国藩的儿子问曾国藩有关做学问做文章的事,如果在某个方面具有一定专长,是否必须同时具备其他三个方面的能力才算是达到标准,曾国藩回答他的儿子说,这种想法是绝对不正确的。曾国藩还举例说明为什么是错误的,他说韩愈所写的文章不带有一点阴柔之美,而欧阳修所写的文章不带有一点阳刚之美,更不用说其他的人了,阳刚之美和阴柔

之美是不可能同时存在于一篇文章中的。所有那些想要同时拥有众人之长的人，最后获得的只能是一无所长。曾国藩在书信中夸奖他的儿子纪鸿说："鸿儿（这里是曾国藩对儿子的爱称）这一表格规范，横竖相呼应"，由此观点可以看出，鸿儿非常善于理会古人的意旨。

对于十分成熟的文字，用心去分析思考它们的精髓和实质是非常有实用价值的，不过对于青年人来说，做文章应该注意意气风发的文气，这是最为可贵的东西。曾国藩对于年轻人的文章是这样评价的，他用这样的观点来教育他的两个儿子。还举苏东坡为例子说苏东坡（苏轼）的文气像沸腾的蒸汽一样，有气势，有力量，有魄力。

接下来曾国藩又一一历数古人的文章具有强盛的气势。"古文像贾谊的《治安策》、贾山的《至言》、太史公的《报任安书》、韩愈的《原道》、柳宗元的《封建论》、苏东坡的《上神宗书》，八股文像黄陶庵、吕晚村、袁简斋、曹寅谷，墨卷像《墨选观止》、《乡墨精锐》。"

曾国藩这样的论述主要是告诉他的两个儿子，趁着青春年少，做起文章来要在气势上下苦功。他指出，儿子纪鸿的文章缺点在于对偶句太多，而单句太少，对偶句需要揣摩思考的东西多，单句气势宏伟不需要太多地讲求对仗。这也就很明白了，也就是应该多在单句上下功夫，少为了凑韵去做无谓的思考,而过多花费精力。曾国藩的儿子纪鸿在谋篇布局上喜欢拘泥于八股的定式,曾国藩对此也提出了批评。总是习惯于一种定式而不去思考其他相关的内容,不能够做出更好的文章来。这也是学生们阅读这篇文章应该知道的作文常识。

【知识链接】

什么是八股文?

八股文在古时候有以下别称:"八比文""时文""四书文""制义""制艺"。这种文体出现在我国古代明、清两朝科举中。在明、清两代的考试制度中,要求一定要按照这种特殊的文体书写文章。

八股文最大的特点是专讲形式、没有内容。讲究形式到了极致,文章的段落多寡,长短都是固定不变的。甚至连整篇文字的字数都有严格的规定,这种限制和原则严重地禁锢了人们的思想,甚至很多时候写出来的文章只有形式不讲道理、不论时事只是溢美的词汇堆砌而成。

八股文每篇由破题、承题、起讲、入手、起股、中股、后股、束股八部分组成。破题是用两句话将所写题目的隐含意义破解出来,承题是紧接着破题意义而加以说明的文字。起讲就是表述自己观点的开始,一般在这部分开篇会书写"若曰""意谓""且夫""尝思""以为"等。"入手"为起讲后入手之处。最后四个部分是起股、中股、后股、束股,这才是发表个人观点议论主题的文字。中股是全篇文章的重心。在这四股部分,规定每股之中都一定要有两股排比对偶的文字,起股、中股、后股、束股四部分,每部分两股排比对偶合起来就是八股,故名八股文。

亲情家训

一般八股文的题目都是出自于《四书五经》的，一般情况下论述的内容依据宋朱熹《四书章句集注》。八股文禁锢作者的思想，书写的时候，要严格贴合《四书五经》不得自由发挥。

一篇八股文的字数固定不变，清顺治年间规定一篇八股文的字数必须是550字，康熙年间规定一篇八股文的字数必须是650字，后又改为700字。八股文书写的核心是章法与格调，其实按照内容来讲八股文原本是说理的古体散文，而其中又有对偶和排比等与骈体辞赋相类似的典型特点，这种文体的出现，从文学史的意义上来看不乏为一种新文体。但从教育的角度看，把这样一种文体用以考试之用，实在是限制了应试者的思想，有碍于才华的发挥和展露。

十二、不畏小疾　坚强自力

【经典原貌】

余近来衰态日增，眼光益蒙。然每日诸事有恒，未改常度。尔等身体皆弱，前所示养生五诀，已行之否？泽儿当添不轻服药一层，共六诀矣。既知保养，却宜勤劳。家之兴衰，人之穷通，皆于勤惰卜之。泽儿习惯有恒，则诸弟七八人皆学样矣。鸿儿来禀太少，以后半月写禀一次。泽儿禀亦嫌太短，以后可泛论时事，或论学业也。

——节选自《曾国藩家训·同治五年七月二十一日·字谕纪泽、纪鸿儿》

【注析品读】

我们可以从这段文字中看到曾国藩作为父亲慈爱的一面。他对儿子是十分关心的。他知道儿子的身体不好，于是在书信中写了"养生五诀"给儿子纪泽，希望他能够通过这些把身体调养好，同时还叮嘱儿子要使用汤药来温补身体。在关心身体的同时，他还不忘记鼓舞儿子加强意志力。他说无论做什么事情都应该有恒心，尽管有了疾病也应该尽量按照身体正常时每天要做的事情去做。曾国藩先把自己身体状况较差说在前面，说自己的眼睛不太好，最近的身体状况也不太好，但是没有改变往常的生活状态，每天该做的事情还是尽其全力去完成。

这是在给他的儿子树立榜样。曾国藩常常是自己做到才去教育别人，包括自己的儿子以及兄弟，曾国藩就是这样率先垂范的人。紧接着他论述了勤劳的意义。家道的兴旺靠的就是勤劳，如果患了疾病，那么勤劳就要靠

意志力来实现。没有意志力就等于没有恒心，没有恒心就会一事无成。其实这是一个很简单的道理。但是，就是这么简单的道理，做起来才不那么容易。琐碎的生活，总是让人很难保持一颗恒心，这就需要每天激励自己发愤图强。

我们应该懂得树立恒心的意义。只要有恒心，什么事情都能够做好。恒心能够使你坚持不懈地努力学习，哪怕现在的成绩并不理想，但只要坚持，就一定能够成功。"水滴石穿、绳锯木断"那么坚硬的石头在坚持面前都会变得如此软弱，可见，没有不可能做到的事情，只有不可能想到的事情。

有了一点点疾病，就懒在床上不肯起来是不对的。曾国藩要求儿子纪泽即使生了病，也要坚持去完成平时没病时一天的工作。疾病是可以战胜的，尤其是一般的感冒发烧，这并不是非常大不了的疾病。有些同学一有点小毛病就借故不去上学，不去学习了。这样没有恒心、没有毅力，怎么能够创造出辉煌的成就呢？成就的获得绝对不是嘴上说说就可以的，需要不断地努力和进取才行。

【知识链接】

恒心不只是说说而已，是要做出来看的。做事有恒心还表现在一丝不苟地按照以往的质量完成任务。否则，就不能够称之为真正地有恒心。曾国藩就是这样教育他儿子纪泽的，他要求纪泽在患病期间坚持做好每天的事情，一要做，二要按照平时的要求去做。

下面还有一个小故事，与大家共同分享一下，想想老木匠哪里做错了。

有一位老木匠由于年事已高，于是就想辞职不做了。他对经理说，我年龄太大了，不想再继续奔波于建筑行业之中了。我要辞职回家与妻子儿女共享天伦之乐。

老木匠的手艺精湛，木工活非常出色。经理当然舍不得让这样的人才离开公司，于是就和老木匠说："我手中有一座木房要建造，眼下找不到比你更合适的工匠，你还是做完这个活再走吧！"老木匠答应了，他便开始工作起来。但是，所有人都有目共睹，老木匠的心已经不在建造木房上面了。所以他的活做得非常粗糙，使用的木料也没有经过精挑细选。木房建好后，经理把大门的钥匙交给了老木匠。

经理对老木匠十分客气地说："这是您的房子，是我送给您的退休礼物。"

老木匠听到这话后，一下子语塞了。他瞪着大眼睛不知道该说什么才好。红着脸怅惘若失。

如果他知道这是为自己建造的房屋他就不会如此粗心大意了。他就会坚持着自己一贯的做事风格把房屋做好。当人没有了毅力，也就没有了做好事情的恒心。老木匠感到无地自容。

十三、勤能补拙　敬可治家

【经典原貌】

诸弟在家教子侄,总须有勤敬二字。无论治世乱世,凡一家之中,能勤能敬,未有不兴者,不勤不敬,未有不败者。至切至切!予深悔往日未能实行此二字也,千万叮嘱。澄弟向来本勤,但敬不足耳,阅历之后,应知此二字之不可须臾离也。

——节选自《曾国藩家书·咸丰四年六月十八日·澄、温、沅、季老弟左右》

家中兄弟子侄,总宜勤敬二字为法。一家能勤能敬,虽乱世亦能有兴旺气象;一身能勤能敬,虽愚人亦有贤智风味。吾无平于此二字少工夫,今谆谆以训吾昆弟子侄,务宜刻刻遵守,至要至要。

——节选自《曾国藩家书·咸丰四年七月二十一日·澄侯、温甫、子植、继洪四位老弟左右》

【注析品读】

这两段话说的内容是重叠的,都是在讲"勤""敬"二字。在《曾国藩家书》中有大量的这样语义重叠的段落。第一封和第二封书信都是曾国藩写给他四位弟弟的,但从日期上看,第一封是写于咸丰四年六月十八日,第二封这是一个月后的七月二十一日。这说明曾国藩在这段时间内不断地强调"勤"、"敬"二字,他是以此警语作为修身、治家的基本原则。

这两段话的基本内容也就在这两个字上,能够"勤"、能够"敬"地来治家,就没有家道不兴旺的道理;能够"勤"、能够"敬"地来修身,也就没有不成为贤良之人的道理。曾国藩说，即使乱世，用"勤"、"敬"二字来治家，也能够把家道治理得很兴旺发达；愚笨的人能够做到"勤"、做到"敬"也能够让世人称赞他是位贤良君子。

【知识链接】

悬梁刺股、勤奋读书的苏秦

苏秦字季子，是战国时期东周雒邑（今河南洛阳东）乘轩里人，中国历史上十分著名的纵横家。相传他是纵横家始祖鬼谷子的徒弟。苏秦通过努力学习，学得一身本事，在战国时期他主张齐、楚、燕、韩、赵、魏六个国家联合起来对抗强秦，这个时期也是他人生中最辉煌的时期，他身配六国的相印。但是，六国名义联合，实际内部斗争从来没有停止过，最终没能够阻挡强秦建立大秦帝国。

苏秦年轻时，因为知识不够渊博，为他人工作受到他人的冷落。苏秦意识到没有真才实学不仅不能够得到一般人的敬重，更不能够获得好的名声和待遇。于是他下定决心，一定要发奋刻苦读书。

他从此开始刻苦地学习，常常读书到深夜。因为读书太刻苦了，到了深夜就开始打盹，想睡觉。但是，他不能忘记别人的冷漠，他要坚持勤奋地学习下去。于是他想出了一个方法，在夜晚读书的时候，准备一把锥子，只要自己开始打瞌睡，就用锥子往自己的大腿上刺一下，刺痛使苏秦的神经兴奋起来，疼痛赶走了困意。苏秦就这样坚持着，一直保持着这样的学习状态，他终于学业有成，功成名就。这就是苏秦"刺股"的故事。

第三章

阅读诸葛亮的《诫子书》

第一节 《诫子书》的作者及书写背景

一、书写背景

诸葛亮的《诫子书》,这篇传世著名家训写于公元233年。这一年诸葛亮53岁,他的大儿子8岁。他的大儿子名字叫诸葛瞻,自幼聪明伶俐,谦逊好学。《诫子书》是一篇书信,是诸葛亮写给大儿子诸葛瞻的。

诸葛瞻到了8岁,已经了解了一些中国文化,认识了很多文字。可以看懂简单的书信了。我们或许会觉得一个8岁的孩子能有如此造诣太不简单了。其实,第一,这源于门第世家的影响。第二,他的母亲同样是一位才华横溢的人。

关于门第世家，我们知道诸葛家首先是书香门第，然后又是官宦世家。自先祖诸葛丰开始，诸葛家世代读书习字，学习中国文化。诸葛丰饱读诗书，学识非常渊博，由于才华出众，被朝廷重用，任御史大夫贡禹属官，后来又担任了文学侍御史。在西汉元帝时，任司隶校尉一职。诸葛亮的父亲诸葛珪在东汉末年担任泰山郡郡丞，叔父诸葛玄担任豫州太守。所以说诸葛家为官宦世家书香门第毫不为过。

诸葛瞻在很小的时候就学习知识文化另外一个重要的因素是他的母亲黄硕（黄月英）是当时著名的谋士黄承彦的女儿，其人才华出众，在诸葛亮择妇成亲时曾推荐自己的女儿。虽然黄月英长相一般，但学识却令人敬仰，可见黄硕的才华不是一般读书明理的书生可及的。在这样知识文化丰富的母亲教导下，诸葛瞻成长极快，8 岁便可识文断字，十分了得。

诸葛亮书写《诫子书》时，他已经带领蜀国的军队连续征战了 8 年之久。他忙于国事，操劳战争，于是对子女的教育便受到一定的影响。诸葛亮怀着一种愧疚的心绪，在大儿子诸葛瞻已经能够识文断字的时候，书写了这短短 86 字的书信——《诫子书》。书信虽然短小，但是，却总结了他一生学习处事的经验，依此作为对子孙的告诫与勉励。

阅读诸葛亮的《诫子书》

亲情家训

二、作者简介

对于诸葛亮我们一定不陌生,我们在大型电视连续剧《三国演义》中已经了解了诸葛亮这个艺术形象。这个生动的艺术形象对后世影响十分大,大多数人对于诸葛亮的了解都是通过《三国演义》这部历史演义小说。小说将诸葛亮描绘得机智聪明,"运筹帷幄之中,决胜千里之外",甚至近乎于"神"。当然,这里面有着一定的中华文化的作用,中国人十分推崇"军师"这个职务,对于历史上著名的军师向来都是关注度极高的,诸葛亮本身也是一样,他常常自比管仲乐毅便是证据。尽管《三国演义》过分粉饰了诸葛亮,但是我们从历史古籍《三国志》对诸葛亮的记载中,不难读出来,他是一个伟大的军事家、政治家。

诸葛亮已经成为中华文化中智慧的化身,我们常常在古代历史小说中读到这样的绰号"小诸葛""赛诸葛"等等,可见中国人对诸葛亮的智慧是如何褒奖的。

那么,让我们来了解一下这位被中国人顶礼膜拜的智慧化身所生活的真实历史背景和故事。

诸葛亮,字孔明,号卧龙,生于公元 181 年死于公元 234 年,三国时期蜀国丞相。在他年龄还很小的时候,他的父母双亲都亡故了。东汉末年战乱不断,他跟随他的叔父逃到了荆州避乱,隐居在南阳隆中。著名的《隆中对》是刘备屯兵新野之后,三顾诸葛亮的茅庐中所作。

当时,庞德公、庞统、司马徽、黄承彦、石广元、崔州平、徐庶等人为天下人公认的名士。其中,诸葛亮和庞统的名声最盛,有"卧龙、庞统得一可安天下"之说。刘备三顾茅庐之后,诸葛亮便成了刘备身边的"智囊"。后来刘备称帝,诸葛亮成为西蜀的丞相。

诸葛亮军事才能过人,三国时期最为杰出的军事家,尽管不能够百战百胜,但是,对于错综复杂的战争形势总能够把握住发展的脉络。

诸葛亮更是杰出的政治家,在三国鼎立的局面中,他提出以川蜀一带为根据地,并向西南开发了大面积土地,很多地域就是在那个时期纳入中国版图的。他施行一系列的治国强邦的政策,使西蜀的政权得以建立、巩固并发展壮大。

自古以来忠臣明主总能够创造出一段历史佳话。诸葛亮对于蜀汉的忠贞体现在他的著名散文《前后出师表》中。公元227年,诸葛亮向蜀汉后主上《出师表》(即《前出师表》)出兵伐魏,此次出兵,前期蜀军过关斩棘,一路气势汹汹。但是,在马谡街亭一战中,丢失了街亭要地,作战形势逆转直下,无奈诸葛亮退回汉中,以待适合的时机再出兵讨伐。后来几年中诸葛亮多次率领蜀汉部队北伐曹魏,胜负均有。公元234年,诸葛亮在北伐途中,暴病于前线,不治身亡,那个时候他仅仅54岁。他去世之后,蜀汉的军事和政治受到极大的影响,最终没有完成刘备一统天下,光复汉室的理想。

亲情家训

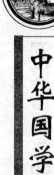

第二节　《诫子书》重要内容解析品读

一、修身养德　静思俭朴

【经典原貌】

　　夫君子之行，静以修身，俭以养德。

【注析品读】

　　大凡那些道德修养很高的人，是如此进行修养锻炼的：他们常常静坐下来，不断地自我批评使自己的品德行为尽善尽美；他们依靠勤俭节约来培养自己高尚的品德。

　　阅读诸葛亮《诫子书》的这一句话，能够从中读到两个意思：第一，是"静以修身"；第二，是"俭以养德"。修身和养德综合起来是养成谦谦君子应该做的两件事。于是，"夫君子之行"也。

　　君子的标准是有很好的文化修养、很高的道德情操。文化修养和道德情操依靠一个"静"、一个"俭"来实现。诸葛亮认为只有"静"才能够真正地做到修身。这里面的"静"并不是处在安静的环境中，它其实与外部环境关系并不大，主要是指人的内心安静下来。这个"静"字是很富禅意的，事实上是放开浮华的表象，抛弃骄躁的情绪，使内心做到清净，回到本真。使自己能够用客观的态度去看待身边的事物，经历的事情。一个人能够客观地看到周遭的一切，他才能够开始自我批评，才能够判断自己做的事情是对的还是错的；是适合时宜的，还是不合时宜的。

批评和自我批评是完美呈现人生的一种手段，对于眼见的不合时宜的事情进行批评才能够找到适合的方案、方法。对自己的态度、方法进行自我批评，才能够发现身上的缺点和不足，才能够加以改正，进而不断地完善自身的品行。能够进行自我批评才可以真正地使自己的思想、品行、修养不断地提升。"静"是"自我批评"的前提，"自我批评"是提升自己的前提。这就是"静以修身"的含义。

亲情家训

"俭以养德"其实是比较好理解的，我们从字面上就可以读出它的意思来。"俭"就是节俭的意思，"御孙曰：'俭，德之共也 侈，恶之大也。'"这句话是说一切品德的根源来自与节俭，一切恶行的根源来自于奢侈。这是真理，放在今天也依然如此。其实，我们往深层次去理解这个问题就会发现，这事实上是对于人性的把持，对于欲望的控制。锦衣玉食无人不爱，能够固守节俭依靠的是对人性中欲望的控制；所以，人会奢侈无度也是因为没有控制好欲望。

节俭所以可以培养德行，就是因为人能够克勤克俭，就能够控制自己的欲望，懂得控制欲望才叫做修养。

中华国学阅读

【知识链接】

从古至今,古人对于修身、养德这样的至理名言多如牛毛,我们来共同熟记一些吧:

源静则流清,本固则丰茂;内修则外理,形端则影直。

——出自《魏子》

君子之守,修其身而天下平。

——出自《孟子·离娄下》

身不修则德不立,德不立而能化成于家者盖寡矣,而况于天下乎。

——唐·武则天《内训·修身》

见善,修然必以自存也;见不善,愀然必以自省也。善在身,介然必以自好也;不善在身,菑然必以自恶也。

——出自《荀子·修身篇》

二、淡漠明志　宁静致远

【经典原貌】

非淡泊无以明志,非宁静无以致远。

【注析品读】

如果做不到清心寡欲就不可以坚定地树立理想抱负,如果做不到内心清静安定就不能够在长期的刻苦学习实践中实现远大的理想。

"静"在诸葛亮这篇《诫子书》中是一个核心的词汇,所以诸葛亮强调这个字,是因为"静"已经成为诸葛亮的人生哲学中的重要组成部分。"静"不仅仅在诸葛亮的时代具有重要的意义,对于现代社会的人们来讲也具有普遍的价值。现代社会生活理想和生活状态呈现多元化态势,人们的思想和情绪就更加容易变得浮躁。对于我们读书求学的学生而言,走什么样的道路,将来生活在什么样的现实中,可选择性更大,也就更容易使我们情绪变得飘忽不定。

树立远大的理想,不断地为着这个理想而奋斗,这是每一成功者的必经之路。这是人类生命实现其价值的必然规律。没有志向,没有远大理想的人就好比天边漫无目的的浮云,随风而动,最终散落于天地。

前面我们剖析了浮躁产生的原因,也知道了树立远大理想的重要意义,那么我们如何消除浮躁,树立远大的理想呢? 这就要求我们要真正地静下心来,听听我们内心的声音,去品读自己、了解自己的兴趣所在,分析自己的性格特点。只有这样我们树立的理想才是切合实际的,才是能够坚定地去实现的。

阅读诸葛亮的《诫子书》

亲情家训

　　"淡泊"是实现"宁静"的途径。淡泊什么呢？淡泊的是功名利禄。只有淡泊功名利禄才能够做到内心的安宁，做到内心的安宁就可以去思考志向了。古人说功名利禄，对应今天我们的生活，就是金钱权力。古人认为名和实是外衣和本体的关系，只要有真才实学就能够实现声名远扬。至于金钱和奢侈的生活，这些只是生活的"附属品"，而且是败德之源。如果一个人把自己的理想建立在功名利禄或者说金钱权力之上，就会走上错误的道路。金钱改变的只是物质生活而已，内心世界的满足和快乐用金钱永远也买不到。一个人完美的一生是"淡泊"后拾起内心的强大，"宁静"后实现理想的满足和自豪。

【知识链接】

　　在《列子·汤问》中记述了这样一个小故事：

　　匏巴弹琴技艺高超，鸟儿听了飞跃起舞，鱼儿听了兴奋地跳跃。郑国师文听到之后，放弃自家祖业，随着师襄边环游边学习，努力刻苦地学习调弦，可三年了也没有弹好一支乐章。师襄便对师文说道："你还是回家吧。"

　　师文把他手中的琴放下，深深的吐了口气说："我不是不懂怎么调弦，也不是弹不好唯美乐章，但是在我的内心深处所想的不是琴弦，那些唯美的乐声也没有存在我的脑子里，我的心和脑不能专注，对于乐器也无法适应，所以不能够随心所欲去弹琴。请您稍稍给我一点时间，然后再看看我将来的表现怎样。"

　　没过多久，师文又去拜见师襄。

　　师襄问师文说："你弹琴，弹得怎么样了？"

师文回答说:"已经会弹了。请让我试着弹给您听。"

于是在春天到来的时候,师文拨动了商弦,弹出了南吕乐律,吹来了清凉的秋风,花草树木随之成熟并硕果累累。他又拨动了角弦,弹出了夹钟乐律,和煦的春风慢慢回旋,大地回春草木倾吐绿意。夏天到来,他再次拨动羽弦,弹出了黄钟乐律,漫天霜雪洋洋洒洒,"大河上下顿失滔滔"。冬天到来,他再次拨动徵弦,弹出了蕤宾乐律,烈日炎炎,冰雪消融。弹奏接近了尾声,再次拨动宫弦,弹出了四季调和乐律,于是和暖的春风徐徐清扬,吉祥的彩云飘浮天际,甘甜的雨露从天而降,清美的泉水源远流长。

师襄听完师文的弹奏,抚摸着心房手舞足蹈起来,对其弹奏的音律赞不绝口,即使是善于音律,被世人尊称为大家之人,听到如此的旋律,也会自愧不如的。

这个小故事告诉我们学习任何知识,都要从内心出发,心领神会后,自然水到渠成。师文所以不能够将琴弹好,是因为他没有从内心里"宁静"下来,因为他不够"宁静"使得不能够领会弹琴的真谛,才没有在学琴的路上走得更远。后来他放下心中的杂念,"淡泊"了下来,于是他"致远"了,他弹出来极为优美的曲子。

中华国学阅读

三、学须静也　才须学也

【经典原貌】

夫学须静也，才须学也，非学无以广才，非志无以成学。

【注析品读】

大凡真正进入学习状态的人，必须使身心宁静下来，知识文化、才能学识来源于不断地刻苦努力学习；如果不下苦功刻苦钻研，就不能够获得广博的知识和过人的才能；如果不坚定学习的方向，那么就不能在学习上面有所收获。

诸葛亮在《诫子书》中第三次提到了"静"字。他说"修身"需要"静"，实现理想的过程需要"静"，这里面讲的学习也需要"静"。总结起来我们可以知道"静"字哲学的意义所在。做任何事情都应该固守内心的宁静，倾听内心的声音，这样才能够把每一件事情做好。学习需要静下心来，抛开一切杂念，才能够真正地进入知识的海洋，才能够理解学习的真谛。

才华和能力不是天生就有的，每个人都是在不断的学习中获得的。《三字经》说："玉不琢，不成器；人不学，不知理。"就是告诉我们，想要成就一番

事业,想要成为栋梁之才,为国家、为人民、为社会做出更大的贡献,就要不断地学习,不断地磨炼自己。当然,诸葛亮说的学习是静下心来,真正地获得知识和能力。很多同学认为只要读书就是学习,只要把课本上的知识都背记下来就是学习,其实这是不正确的见解。我们前面阅读《颜氏家训》的时候已经了解到,真正的学习不单单指的是书本上的知识,即使是书本上的知识,我们学来也要在实践过程中得以检验,真正地学以致用。能够把学来的知识应用到生活的实践当中,才能真正把这些知识学会。学习的形式也未必都是捧着书本死读书,更应该不断地去实践,在实践的过程中进一步学习。

具有丰富的知识,我们说这只是才华,能够把这些知识运用到实际的生活中去,通过这些知识提高生活的品质,为社会贡献更大的力量,这才是能力。我们学习的目标是才华和能力的共同增长,成为生活中游刃有余的人,成为对社会发展有利的人,这才是真正的学有所成。

学习并不是一件轻而易举的事情,学习的过程艰苦而困难,这就要求学生们要有非常强大的意志。没有意志力就不能够逾越学习过程中遇到的各种各样的拦路虎。没有意志力就无法对抗疲惫,没有意志力就无法战胜心猿意马,没有意志力就不能够逾越枯燥乏味。没有意志力克服不了浮躁的情绪,就不会静心学习,不能够静心学习就不能够"广才",也就"无以成学"。

亲情家训

中华国学阅读

【知识链接】

在《荀子·劝学》中,荀子对与学习的见解颇深:

积土成山,风雨兴焉;积水成渊,蛟龙生焉;积善成德,而神明自得,圣心备焉。故不积跬步,无以至千里;不积小流,无以成江海。骐骥一跃,不能十步;驽马十驾,功在不舍。锲而舍之,朽木不折;锲而不舍,金石可镂。蚓无爪牙之利,筋骨之强,上食埃土,下饮黄泉,用心一也。蟹六跪而二螯,非蛇鳝之穴无可寄托者,用心躁也。

是故无冥冥之志者,无昭昭之明;无惛惛之事者,无赫赫之功。行衢(qú)道者不至,事两君者不容。目不能两视而明,耳不能两听而聪。螣蛇无足而飞,鼫鼠五技而穷。《诗》曰:"尸鸠在桑,其子七兮。淑人君子,其仪一兮。其仪一兮,心如结兮!"故君子结于一也。

四、励精图治　培养性情

【经典原貌】

　　淫漫则不能励精,险躁则不能冶性。

【注析品读】

　　放纵欲望、思想消极、精神怠慢,就不能勉励心志、励精图治;内心险恶,行动草率就不能陶冶性情,培养高尚的节操。

　　只有不断地勉励心志才能够保持一种奋发向上的精神状态,才能保持激情和力量。有激情、有力量才能够实现理想,才能够创造出惊天伟业。作家奥斯特洛夫斯基说:"人最宝贵的东西是生命, 生命属于我们只有一次。人的一生应当这样度过:当他回首往事时他不因虚度年华而悔恨,也不因碌碌无为而羞愧。这样在他临死的时候就能够说:我已把整个生命和全部精力都献给世界上最壮丽的事业——为人类的解放而斗争。"这是生命的意义,是人生的意义。实现如此伟大的理想,凭借的就是励精图治,"不因虚度年华而悔恨,也不因碌碌无为而羞愧。"放纵自己,精神怠慢是一种生命的消耗,这样去做就很难把握激情,就会丧失努力进取的力量。不能努力进取从何谈起勉励心志呢?

　　在中华文化中,性情养成,风操的养成是非常重要的。古人认为能够把持心性才是有修为,有修养。性情暴躁的人,懂得在情绪激动时控制自己的脾气;性情温婉的人,懂得在紧要的关头做事干净利落。这才叫做冶性。诸葛亮对他的儿子诸葛瞻说:"险躁则不能冶性。"我们应该如何理解呢?无论做什么事情,不去深入思考,便草率行事,这样久而久之就会养成一种乖张

亲情家训

中华国学阅读

的性情。这就不能够学会控制自己的情绪，也就不能够把持心性。

【知识链接】

王述性急

王蓝田性急。尝食鸡子，以箸刺之，不得，便大怒，举以掷地。鸡子于地圆转未止，仍下地以屐齿碾之，又不得，瞋甚，复于地取内口中，啮破即吐之。王右军闻而大笑曰："使安期有此性，犹当无一豪可论，况蓝田耶？"

——节选自《世说新语·忿狷第三十一》

生活当中在做事的时候不应该急躁不安，冒险草率。东晋时期的名士王述，性格急躁脾气火暴。上述节选的《世说新语》中的小故事大概译文是：

王述这个人生性十分急躁。曾经有一次吃鸡蛋，他用筷子去刺鸡蛋，结果没有刺中鸡蛋，于是就十分愤怒，拿起鸡蛋丢在地上了。鸡蛋落在地上以后在地上不定地旋转，王述看到鸡蛋不停地在地上旋转就从榻上下来用拖鞋去踩鸡蛋，想要把它碾碎。结果，他没有踩到鸡蛋，这时他的火就更大了，他气呼呼地把鸡蛋再次捡了起来，然后放进口中，狠狠地把鸡蛋咬碎了，咬碎之后也不吃它，便将鸡蛋吐出来扔掉了。王右军（王羲之）听说了这件事情之后大笑说："他的父亲

安期(王述的父亲王承字安期)就有这样的性格,尚且没有什么可说的,何况王述呢?"

像王述这样的脾气又怎么能够修养性情呢?古人讲修养性情就要达到一种不温不火,遇事冷静泰然。这种冷静的态度和性情就是在日常诸如王述吃鸡蛋这样的小事中历练出来的。所以我们不能够像王述一样平时放纵情绪,急躁不安。

亲情家训

中华国学阅读

五、年与时驰 意与日去

【经典原貌】

年与时驰,意与日去,遂成枯落,多不接世。悲守穷庐,将复何及!

【注析品读】

随着时间的推移,人很快就会变老,实现理想抱负的激情在平凡的岁月中一天天地会消磨变少,最终就会像干枯的树枝一样留下枯黄的树叶,(不能够在妆点美丽的世界)。这样的人大多不能够成为社会的栋梁之才,为社会做出贡献。只有悲伤地困守在破落的屋舍里,到那时再悔还能够怎么样呢!

诸葛亮在《诫子书》的这段话里,语气显得十分凄凉沉重,这比较符合那些最终"悲守穷庐"之人的心情。这段话的核心思想是希望诸葛瞻在学习的过程中抓紧时间,利用好一切可以利用的时间。诸葛亮是在提醒他的长子诸葛瞻光阴似箭,一转眼便是"壮士暮年"了。

我们也一样应该珍惜时间去努力学习,去实现理想和抱负,因为我们的生命其实非常短暂。我们可以换算一下,假若一般人可以活到100岁,那么,属于他的生命按照天去计算也不过就36500天。一天的时间过得非常快。一天里,我们又有多少时间来学习呢?一天只有24个小时,吃饭、睡觉要占去我们大概10个小时的时间。

学生在学校里学习时间的利用率是最高的,但是我们想一想剩下的14个小时,有多少能够用来学习呢?长时间的用脑会造成学习效率下降,去掉必要的休息时间,每天留给我们的学习时间不足8个小时了。我们如此计算还没有考虑到整天去休闲娱乐的时间,去掉这些时间,留给我们实现梦想,努力丰富自己的时间真可谓寥寥了。

在这样少的时间里,我们要是不抓紧利用来学习,来奋斗,恐怕只能"悲守穷庐"了。抓紧时间学习,尤其是青少年时期,尤为重要,因为"意与日去"。"永恒的激情是财富",激情能够保持才能够做出一番事业。但是客观规律决定了人的激情会被日常的琐事一点点消耗,一点点蚕食。青少年时期是一个人琐事最少的时期,是精力最旺盛的时期,更是激情最容易保持的时期。不过青春不能够永驻,随着时间的推移这些东西将渐渐变少。这也是为什么诸葛亮要求他的儿子诸葛瞻把握青春努力进取,实现理想的缘由。

【知识链接】

祖逖闻鸡起舞

祖逖生于公元 266 年,卒于公元 321 年。东晋时期的著名将领。闻鸡起舞说的是祖逖刻苦学习,珍惜时间的故事。

年幼时的祖逖父母双亡,身边只有几个哥哥照顾他。由于家庭的变故,社会的动荡,祖逖小的时候没有接受更多的知识文化教育。不过,他喜欢舞枪弄棒,很小很小的时候就树立了恢复中原的远大志向。他为人开朗,喜欢打抱不平,重情义,讲义气。深受周围的邻里喜爱,但是,几个哥哥却为他胸无点墨而忧愁不已。

当他十六七岁的时候,已经有了一身的好武艺,突然有一天,他意识到自己的文化知识太贫瘠了,徒有武艺和蛮力是不够的,还要读书识字,有知

识有文化,有统率千军万马的能力。

于是,他决定要刻苦学习文化知识。他知道自己这个年龄开始学习已经是太迟了,于是倍加珍惜时间。清晨鸡叫就起床,开始练习武术,身体活动开了,倦意全无,就开始捧书学习。

闻鸡起舞的典故出自于《晋书·祖逖传》,为了方便大家领略原著的风采,我们将原文摘录下来,供同学们阅读:

初,范阳祖逖,少有大志,与刘琨俱为司州主簿,同寝,中夜闻鸡鸣,蹴琨觉曰:"此非恶声也!"因起舞。

及渡江,左丞相睿以为军谘祭酒。逖居京口,纠合骁健,言于睿曰:"晋室之乱,非上无道而下怨叛也,由宗室争权,自相鱼肉,遂使戎狄乘隙,毒流中土。今遗民既遭残贼,人思自奋,大王诚能命将出师,使如逖者统之以复中原,郡国豪杰,必有望风响应者矣!"

睿素无北伐之志,以逖为奋威将军、豫州刺史,给千人廪,布三千匹,不给铠仗,使自召募。

逖将其部曲百余家渡江,中流,击楫而誓曰:"祖逖不能清中原而复济者,有如大江!"遂屯淮阴,起冶铸兵,募得二千余人而后进。